Carolina

CW01637869

ESPAGNOL : ÉVITER LES PIÈGES AUX EXAMENS ET AUX CONCOURS

JOCELYNE REITH

Collection Principes
Studyrama

Références

1ère Guerre mondiale : dates, thèmes, noms *516*
30 modèles de commentaires composés : méthodologie & applications *512*
40 thèmes pour comprendre la Seconde Guerre mondiale *524*
130 morceaux choisis de culture générale *514*
400 citations d'économie commentées & analysées *518*
A quoi sert l'Organisation mondiale du commerce ? *509*
Anglais, éviter les pièges aux examens et aux concours *504*
Dictionnaire de la pensée économique *501*
Dictionnaire des 500 notions économiques indispensables *502*
Dictionnaire des grands auteurs de la littérature et des sciences humaines *500*
L'économie du travail : concepts, débats et analyses *510*
L'indispensable de la culture générale *537*
L'indispensable du droit constitutionnel *515*
Les 100 pièges de la langue française *541*
Les éléments clés de la mondialisation *538*
Les éléments clés de la Guerre froide *526*
Les grands thèmes de l'économie en 500 questions *529*
Les grands thèmes de l'économie en 30 dissertations *528*
Les maths : bien négocier son passage du secondaire au supérieur *511*

Les mythes : une culture générale pour les examens et concours 513
Réussir les oraux des examens et concours *507*
Réussir son Deug de droit *521*
Savoir problématiser : littérature, philosophie, histoire, géographie *517*
Savoir problématiser : économie-droit *535*
Savoir rédiger : maîtriser son expression écrite *506*
Vocabulaire des idées politiques *505*

Un grand merci :

à Gisèle Prost pour son écoute et ses conseils,
à Fabien Lantigner qui a eu la gentillesse de me prêter ses précieux « carnets de prépa » ,
à Oriana Reith pour ses exemples inventifs,
aux EC2-2002 pour leurs bonnes idées et leurs encouragements, et spécialement à Thomas Ellis et Guillaume Pellegrin pour leurs témoignages.

Sommaire

Introduction 25

Chapitre I
L'orthographe 27

1. J'écris ce que j'entends 29

- Les voyelles 29
- Les consonnes 30
- *CaRoLiNa* 30

C'est plus simple en espagnol ! 33
Une seule difficulté 33

2. Je modifie l'orthographe pour conserver le son 35

- Le « c » et le « z » 35
- Le « c » et « qu » 36
- Le « g » et « j » 36
- Le « g » et « gu » 37

Chapitre II
Les accents 39

1. Comme flocons de neige... 41

2. A quoi servent-ils ? 42

- A indiquer l'accent tonique 42

■ A différencier deux mots d'une seule syllabe 42
■ A marquer une différence grammaticale 43

3. Les grands classiques 44

■ Les mots qui se terminent par « ón » 44
■ Les mots qui se terminent par « en » 44
■ Les mots qui se terminent par « ia » 45
■ Les passés simples 45
■ Les futurs 46
■ L'interrogation et l'exclamation 46
■ L'enclise 46

Chapitre III
Les prépositions 49

1. Dans l'espace et dans le temps 51

■ Dans l'espace 51
« A » 51
« En » 52
« Por » 53
« De » 53
■ Dans le temps 54
« A » 54
« En » 54
« Por » 55
« De » 55

2. Autres emplois des prépositions 56

■ « A » devant les COD de personnes 56
■ Les emplois de « por » 57
■ Les emplois de « de » 57

3. Après certains verbes, adverbes, dans certaines locutions *59*

- « A » *59*
- « En » *60*
- « Con » *60*
- « De » *61*
- « Por » *63*
- Absence de préposition *64*

4. « Por » ou « para » ? *66*

Chapitre IV
Le genre et le nombre *71*

1. Les noms *73*

- Masculin et féminin *73*

Les mots en « or » *73*
Les mots en « ista » *74*
Les mots en « ema » et « oma » *74*
Les mots en « ón » *74*
Les noms propres *75*
Article masculin, nom féminin *77*
Deux genres, deux sens *77*

- Singulier et pluriel *78*

Les pièges liés à la terminaison des mots *78*
Ajout et retrait d'accents *79*
Les mots toujours au pluriel *79*
Les mots toujours au singulier *80*
Nombre différent, sens différent *80*

2. Les adjectifs *81*

- Masculin et féminin *81*
- Singulier et pluriel *83*

Chapitre V
Les possessifs *85*

1. Les adjectifs *87*

2. Les pronoms *90*

Chapitre VI
Les démonstratifs *93*

1. Les adjectifs *95*

2. Les pronoms *96*

Chapitre VII
Les pronoms personnels *99*

1. Pronoms sujets *101*

2. Pronoms réfléchis *104*

3. Pronoms compléments *105*

- Les compléments d'objet directs *105*
- Les compléments d'objet indirects *105*

Le complément d'objet direct représente une personne **106**
Pour représenter « usted » et « ustedes » **106**
Avec « lo », « la », « los » et « las » **106**

4. Les pronoms précédés de prépositions **108**

■ Après la préposition « con » **108**
■ Le réfléchi après les autres prépositions **109**
■ Après la préposition « a » **110**

5. L'enclise **112**

Chapitre VIII
Les adverbes

115

1. Les adverbes en « mente » **117**

■ Leur formation **117**
■ S'ils sont plusieurs **118**
■ Les formes inusitées **118**
■ Il n'est pas toujours possible d'ajouter « mente » **119**

2. Les adverbes de lieu **120**

■ Les plus simples **120**
■ Selon l'éloignement **120**
■ Ceux qui se ressemblent **120**
■ Les locutions **121**

3. Les adverbes de temps **122**

■ De jour en jour **122**
■ Dans la journée **122**
■ A travers les âges **123**
■ « Ya », « aún » et « todavía » **123**
■ Quelques locutions **124**

4. Les adverbes de manière *125*

5. Les adverbes de quantité *127*

- Adverbes ou adjectifs ? *127*
- Ils s'apocopent *128*
- « Muy » et « más » *128*
- Quelques locutions *129*

6. Affirmation, négation, doute *130*

- Affirmation *130*
- Négation *131*
- Doute *132*

Chapitre IX
Les phrases négatives, exclamatives et interrogatives *133*

1. La phrase négative *135*

- La construction simple : « no » *135*
- L'emploi de « ni » *135*
- « Ni siquiera » *136*
- Les mots négatifs *136*
- « Ne... que » *138*
- « Ne... plus » *138*
- « Non seulement... mais encore » *139*
- « Pas » + participe passé *140*

2. La phrase exclamative *141*

- La ponctuation *141*
- L'exclamation porte sur un verbe *141*
- L'exclamation porte sur un nom *142*
- L'exclamation porte sur un adjectif *142*

■ L'exclamation indirecte 144

3. La phrase interrogative 145

■ La ponctuation 145
■ La phrase interrogative simple 145
■ L'interrogation porte sur le verbe 146
■ L'interrogation porte sur le nom 147
■ L'interrogation indirecte 148

Chapitre X
Les chiffres 151

1. Compter 153

■ Jusqu'à 9 153
■ Jusqu'à 99 154
■ Jusqu'à 999 155
■ Au-delà... 156

2. Différents emplois des chiffres 157

■ Les ordinaux 157
■ L'heure 158
■ L'âge 158
■ La date 158
■ Fractions et pourcentages 160

Chapitre XI
La comparaison 161

1. Plus 163

■ « Plus... de » 163
■ « Plus... que » 163

■ « Le plus » 165
■ « Plus... plus » 165
■ « D'autant plus... que » 166

2. Moins 168

■ « Moins... de » 168
■ « Moins... que » 168
■ « Moins... moins » 168
■ « D'autant moins que » 171

3. « Aussi » et « autant » 173

■ « Autant de... que » 173
■ « Autant... que » 173
■ « Aussi... que » 174

Chapitre XII
« Ser » ou « estar » 177

1. Sans aucune hésitation 179

■ Les emplois du verbe « ser » 179
■ Les emplois du verbe « estar » 181

2. C'est plus délicat ! 183

■ Devant un adjectif qualificatif 183
■ Dans la voix passive 184

3. Quelques expressions à connaître 185

■ Avec « ser » 185
■ Avec « estar » 185

4. Les substituts de « ser » et « estar » 187

■ « Resultar » 187

■ « Ir », « andar », « venir », « llegar » *187*
■ « Seguir » *187*
■ « Quedar » *188*

Chapitre XIII
Diminutifs et augmentatifs *191*

1. Diminutifs *193*

■ Les diminutifs en « ito », « ita » *193*
■ Les diminutifs en « cito », « cita » *194*
■ Les diminutifs en « ecito », « ecita » *195*
■ Les noms de personnes *195*
■ Les diminutifs en « uelo », « uela » *196*

2. Augmentatifs *198*

■ Les augmentatifs en « ón » *198*
■ Les augmentatifs en « azo », « aza » *199*
■ Les augmentatifs en « acho », « acha » (parfois même en « achón ») *199*

Chapitre XIV
Quelques points très délicats *201*

1. « Il y a » et « il » *203*

■ « Il y a » *203*
Devant un nom *203*
Devant un complément de temps *203*
■ « Il » *204*

2. « Voici », « voilà » *205*

3. « Y » et « en » 207

■ « Y » 207
Représente un complément de lieu 207
Représente le complément d'un verbe 208
Représente une action 208
■ « En » 209
Représente un complément de lieu 209
Représente le complément d'un verbe 210

4. « Chez » 212

■ S'il n'y a pas de mouvement 212
■ S'il y a mouvement 212

5. « Devenir » 214

■ La transformation est rapide et passagère 214
■ La transformation est radicale, définitive 214
■ La transformation est voulue 215
■ Si l'on veut évoquer l'aboutissement 216

6. « On » 217

■ La 3e personne du pluriel 217
■ « Se » + la 3e personne du singulier 217
■ « Uno », « una » + la 3ème personne du singulier 218
■ La 1re personne du pluriel 219
■ La 2e personne du singulier 219

Chapitre XV

Les conjugaisons 221

1. Le présent de l'indicatif 224

- Trois conjugaisons régulières 224
- Des modifications d'orthographe 224
- Les verbes à diphtongue 228
- Les verbes à changement de voyelle 231
- Les verbes à diphtongue + changement de voyelle 233
- Les verbes pronominaux 234
- Les verbes irréguliers 235

Les auxiliaires 235
Les vebes en « go » 235
Les « inclassables » 236

2. L'imparfait 238

- Deux conjugaisons régulières 238
- Pas de verbes à diphtongue 238
- Pas de verbes à changement de voyelle 239
- Pas de verbes à diphtongue + changement de voyelle 239
- Trois verbes irréguliers 239
- Aucune modification d'orthographe 239

3. Le passé simple 241

- Deux conjugaisons régulières 241
- Pas de verbes à diphtongue 242
- Les verbes à changement de voyelle 242
- Les verbes à diphtongue + changement de voyelle 242
- Les modifications d'orthographe 243
- Les verbes irréguliers 245

4. Le futur 248

- Une seule conjugaison régulière 248

■ Aucune modification d'orthographe 248
■ Pas de verbes à diphtongue 249
■ Pas de verbes à changement de voyelle 249
■ Pas de verbes à diphtongue + changement de voyelle 249
■ Les verbes irréguliers 249

5. Le conditionnel 252

■ Une seule conjugaison régulière 252
■ Aucune modification d'orthographe 253
■ Pas de verbes à diphtongue 253
■ Pas de verbes à changement de voyelle 253
■ Pas de verbes à diphtongue + changement de voyelle 253
■ Les verbes irréguliers 254

6. Les temps composés 256

■ Un seul auxiliaire 256
■ Un seul accord du participe passé 256
■ Rien ne sépare jamais le participe passé de l'auxiliaire 258
■ L'emploi des temps composés 258

7. Le présent du subjonctif 260

■ Deux conjugaisons régulières 260
■ Des modifications d'orthographe 260
■ Les verbes à diphtongue 266
■ Les verbes à changement de voyelle 267
■ Les verbes à diphtongue + changement de voyelle 268
■ Les verbes irréguliers 269
Les auxiliaires 269
Les verbes en « go » du présent de l'indicatif 269
Les « inclassables » 270

8. L'imparfait du subjonctif 272

■ Deux conjugaisons régulières 272
■ Modifications d'orthographe 273

Les verbes en « ñer » et « ñir » **273**
Les verbes en « llir » **274**
■ Les verbes à diphtongue **274**
■ Les verbes à changement de voyelle **274**
■ Les verbes à diphtongue + changement de voyelle **275**
■ Les verbes irréguliers **276**
Les verbes en « i » **276**
Les verbes en « u » **277**
« Ser » et « ir » ont la même conjugaison **278**
« Decir », « traer » et tous les verbes en « ducir **278**
■ Les emplois du subjonctif imparfait **279**

9. L'impératif **281**

■ L'ordre **281**
Les verbes réguliers **281**
Les verbes à diphtongue **282**
Les verbes à changement de voyelle **282**
Les verbes à diphtongue + changement de voyelle **282**
Les verbes irréguliers **282**
Les verbes pronominaux **283**
■ La défense **285**
Les verbes réguliers **285**
Les verbes à diphtongue **285**
Les verbes à changement de voyelle **285**
Les verbes à diphtongue + changement de voyelle **286**
Les verbes irréguliers **286**
Les verbes pronominaux **287**

10. Le gérondif **288**

■ Deux formes **288**
■ Modifications d'orthographe **288**
Les verbes qui se terminent par « aer », « eer », « oir », « uir » **288**
Les verbes qui se terminent par « llir » **288**
Les verbes qui se terminent par « ñer » et « ñir » **289**

- Les verbes à diphtongue **289**
- Les verbes à changement de voyelle **289**
- Les verbes à diphtongue + changement de voyelle **289**
- Les verbes irréguliers **290**
- Les emplois du gérondif **290**

Complément de manière **290**
L'action qui est « en train » de se dérouler **291**
L'action qui se déroule progressivement (« peu à peu », « petit à petit ») **291**
L'action qui se déroule dans la continuité (« continuer à ») **292**
L'expression du temps dans lequel se déroule l'action (« il y a ») **292**
L'action qui s'applique à plusieurs endroits, personnes ou objets **293**

Chapitre XVI
Les concordances de temps *295*

1. Après les conjonctions *298*

2. Après les verbes *299*

- Qui expriment l'ordre, le désir... **299**
- Qui expriment une invitation, un encouragement... **300**
- A la forme négative **301**

3. Après « ¡ ojalá ! » *302*

4. Après les locutions de temps *303*

5. Dans les propositions relatives et subordonnées *305*

6. Après « aunque » *307*

7. Après « quizá », « quizás », « tal vez », « acaso » *308*

8. Après « por... que » *310*

9. Après « cuanto más » *311*

10. Après les tournures impersonnelles *312*

11. Après « si » *314*

12. Après « como si » *315*

Chapitre XVII
La proposition relative *319*

1. Introduite par « que » *321*

- L'antécédent est sujet *321*
- L'antécédent est complément *321*

2. Introduite par « quien » et « quienes » *322*

3. Introduite par « el que », « la que », « los que », « las que » *323*

4. Introduite par « el cual », « la cual », « los cuales », « las cuales » *324*

5. Introduite par « del que », « de la que », « de los que », « delas que »... *325*

6. Introduite par « cuyo », « cuya », « cuyos », « cuyas » *327*

Chapitre XVIII
Les différents aspects du verbe *331*

1. L'obligation *333*

- L'obligation impersonnelle *333*
- L'obligation personnelle *334*

2. La réitération *339*

- « Volver a » + infinitif *339*
- Le verbe conjugué + « de nuevo », « otra vez » *340*

3. L'habitude *343*

- « Soler » + l'infinitif *343*
- « Tener la costumbre de » + infinitif *343*

4. La phrase emphatique *345*

- Elle se construit toujours avec le verbe « ser » *345*
- Un seul temps *345*
- Le relatif *345*
- Le complément circonstanciel *346*

5. La supposition *349*

- « Suponer que » *349*
- Le futur et le conditionnel *349*
- « Deber de » *350*

Index *351*

Introduction

« Lorsque vous découvrirez, au cours de ces deux années de travail, tous les secrets, toutes les richesses de la langue espagnole, vous en tomberez amoureux ! » Ainsi ai-je l'habitude de commencer mes cours chaque année en classe préparatoire. Et l'un ou l'autre m'a avoué, au bout de ces deux années de découvertes multiples : *« Vous me l'aviez dit, je n'y croyais pas alors, mais c'est fait, l'espagnol, j'en suis tombé amoureux ! »* J'en suis convaincue, nul ne peut résister au charme de cette langue, à sa puissance, à son infinie richesse.

Non, l'espagnol n'est pas une langue facile, contrairement à ce que certains pensent lorsqu'ils en font le choix au lycée. Le premier piège dans lequel ne pas tomber, c'est celui de la médiocrité ! Comprendre « à peu près », deviner, se faire comprendre, se « débrouiller » n'est pas très difficile, il est vrai. Mais parler un espagnol authentique, riche et précis, est autrement plus complexe. Que cet ouvrage fasse découvrir à chacun comment éviter le piège de la facilité apparente, le piège de l'imprécision aussi.

Chaque chapitre s'efforcera d'expliquer avec précision les thèmes traités en commençant par un bref rappel grammatical ; ces règles sont illustrées par de nombreux exemples, qui se veulent volontairement simples, utilisant un vocabulaire de base que chacun doit maîtriser ; enfin, vous trouverez en fin de chapitre une méthode pour ne plus commettre les erreurs courantes.

Il est important de considérer ce livre comme un outil de travail et de réflexion : il n'est pas exhaustif ; ce n'est pas un manuel de grammaire et il ne peut le remplacer mais doit le compléter ; il ne s'agit pas de l'apprendre par cœur mais plutôt d'y chercher des réponses aux questions que l'on se pose. Chaque thème traité doit être complété tout au long des années d'étude de la langue par des exemples rencontrés dans les différents exercices réalisés. Un livre ne remplace en aucune manière le travail personnel, le matériel que tout étudiant sérieux doit « se » constituer, selon « ses » propres méthodes, « son » matériel, personnalisé, celui qui lui permet de fixer ses connaissances, selon la méthode qui lui convient le mieux. C'est dans cet esprit que cet ouvrage est conçu. Que chacun, lorsqu'il y étudie un thème, ouvre une page de sa documentation personnelle, et complète l'étude de ce thème par ses propres exemples. Alors seulement, ce livre atteindra son efficacité optimale.

Puisse chacun de ceux qui découvrent les mystères de la langue espagnole, sa richesse, et grâce à elle sa culture, témoigner des joies qu'elle procure, comme le font Thomas et Guillaume : « *Entre poésie et jeu, le cours d'espagnol est celui qui nous fait ressentir le plus de culpabilité : le travail rigoureux de la langue nous transporte régulièrement dans le monde du soleil, de la corrida, du flamenco et des Andes à quelques mois du concours. Pour découvrir cette langue, cette culture, ces peuples et... réussir, suivez le guide !* ».

Chapitre I

L'orthographe

1. J'écris ce que j'entends

L'orthographe espagnole ne devrait poser aucun problème, car il « suffit » d'écrire ce que l'on entend, le plus simplement possible. Cependant, nos habitudes d'orthographe française sont sources d'erreurs dans bien des cas. Laissons pour l'instant la question des accents, car elle fera l'objet d'un autre chapitre, et voyons quels pièges peuvent exister.

Les voyelles

Elles s'entendent toutes, même dans les diphtongues, donc impossible de les oublier !

los ***eu****rop****eo****s*
el ***ai****slam****ie****nto*
la ***au****senc****ia***

Un seul piège en ce qui les concerne : le « i » ne doit jamais se transformer en « y », comme nous le faisons en français. Voici quelques exemples dans le tableau page suivante.

Français	Espagnol
bicyclette	*bicicleta*
sympathique	*simpático*
rythme	*ritmo*
hydrique	*hídrico*
lyrique	*lírico*
mythique	*mítico*
pyramide	*pirámide*
système	*sistema*

Continuez votre liste :

Les consonnes

CaRoLiNa

Il faut absolument connaître CaRoLiNa ! Pourquoi ? Seules les consonnes de ce prénom peuvent être doublées, jamais aucune autre consonne ne se répète. Oui, mais quand les double-t-on ?

Une seule réponse : lorsqu'on les « entend » deux fois ! Ces quatre consonnes forment un son totalement différent lorsqu'elles sont uniques et lorsqu'elles sont doublées.

« c »

Quand on l'entend deux fois, il a deux sons différents : un son dur et un son doux. Sinon, inutile de le doubler ! Il est indispensable de retenir que « cc » se placent uniquement devant un « e » ou un « i ».

« cc »	« c »
acción	*ocurrir*
lección	*acompañar*
acceder	*acarrear*
accesorio	*acabar*
accidente	*acertar*

Continuez votre liste :

« r »

Bien sûr, il n'y a aucune comparaison entre le son « r » et le son «rr ». Et surtout, attention aux mots suivants, qui changent totalement de sens lorsqu'ils s'écrivent avec un « r » ou avec « rr » !

« r »	« rr »
pero (mais)	*perro* (le chien)
pera (la poire)	*perra* (la chienne)
para (pour)	*parra* (la treille)
caro (cher)	*carro* (le chariot, le char)
cero (zéro)	*cerro* (la colline)
coro (le chœur)	*corro* (je cours)

Continuez votre liste :

« ll »

C'est une lettre de l'alphabet espagnol. Notez bien que « l » et « ll » ont un son totalement différent : « ll » a le son [li], sauf dans certains pays d'Amérique latine (Argentine).

__ll__amarse, la __ll__uvia, __ll__eno

ma__l__a, la __l__uz, __l__eve

« n »

Seul le mot « pere**nn**e » et les mots commençant par les préfixes « en » ou « in » prennent « nn ».

« n »	« nn »
*e**n**ergía* (l'énergie)	*e**nn**egrecer* (noircir)
*i**n**adecuado* (inadéquat)	*i**nn**umerable* (innombrable)

Continuez votre liste :

Les mots pièges

Attention, ils sont fréquemment mal orthographiés !

Pas de doublement de consonnes dans les mots suivants !
*en e**f**ecto* *e**f**ectivamente* *a**f**irmar* *a**f**ectar* *la cla**s**e* *cla**s**ificar* *la ma**s**a* *la ta**s**a* *la a**t**ención* *a**t**ento* *a**t**enuar* *a**t**errizar* *i**nm**enso* *i**nm**ediato* *la i**nm**igración* *el i**nm**igrante* **Dressez la liste de ceux qui vous posent problème :**

C'est plus simple en espagnol !

• Seul le « f » s'utilise pour reproduire ce son : *la **f**oto, la **f**armacia, el **f**enómeno...*

• Pas de « h » après le « t » : *el ri**tm**o, el **te**atro, la **te**oría, la **te**sis, el **te**ma...*

Une seule difficulté

Le « b » et le « v » ont le même son. La seule solution est de mémoriser l'orthographe des mots les contenant, mais il est utile de savoir que seul le « b » s'emploie devant un « l » ou un « r » : *el **bl**oqueo,el ha**bl**a, a**br**ir, que**br**ar...*

Attention tout spécialement à certains mots qu'il est tentant de mal orthographier.

« b »		
*el go**b**ierno*	*go**b**ernar*	*el go**b**ernante*
***b**e**b**er*	*la **b**e**b**ida*	
*de**b**er*		
*sa**b**er*	*la sa**b**iduría*	*sa**b**io*

Continuez votre liste :

« v »		
*el pol**v**o*	*pol**v**oriento*	*la pól**v**ora*
*ol**v**idar*	*el ol**v**ido*	

Continuez votre liste :

2. Je modifie l'orthographe pour conserver le son

Le son est toujours prioritaire ! L'orthographe est à son service ! Certains temps vont imposer une modification de l'orthographe du verbe, certains pluriels une modification de l'orthographe du nom ou de l'adjectif.

Le « c » et le « z »

Les syllabes « ce » et « ci » ont le même son que « za » « zo » et « zu ».

« z »	« c »
*el jue**z***	*los jue**ces***
*feli**z***	*feli**ces***

Tous les mots qui se terminent en « z » feront leur pluriel en « ces », sans exception.

*empe**zar***	*empie**ce*** (subj. présent)	*empe**cé*** (passé simple)
*cue**zo*** (ind. présent)		*co**cer***
*espar**zo*** (ind. présent)		*espar**cir***
*hi**zo*** (passé simple)		*ha**cer***

Les temps « pièges » sont le présent de l'indicatif (première personne des verbes en « er », « ir »), le présent du subjonctif et le passé simple.

Le « c » et « qu »

Les syllabes « ca » « co » et « cu » ont le même son que « que » et « qui ».

« c »		« qu »
sacar	*saqué* (p. simple)	*saque* (subj. présent)
destacar	*destaqué* (p. simple)	*destaque* (subj. présent)
aparcar	*aparqué* (p. simple)	*aparque* (subj. présent)
rico	*la riqueza*	
Continuez votre liste :		

Les temps « pièges » sont à nouveau le passé simple et le subjonctif présent.

Le « g » et « j »

Les syllabes « ge » et « gi » ont le même son que « ja », « jo » et « ju ».

« g »		« j »
coger	*cojo* (ind. présent)	*coja* (subj. présent)
restringir	*restrinjo* (ind. présent)	*restrinja* (subj. présent)
Continuez votre liste :		

Attention toujours aux mêmes temps !

Le « g » et « gu »

Les syllabes « ga », « go » et « gu » ont le même son que « gue » et « gui ».

« g »		« gu »
*car**ga**r*	*car**gué*** (p. simple)	*car**gue*** (subj. présent)
*ju**ga**r*	*ju**gué*** (p. simple)	*jue**gue*** (subj. présent)
*el jue**go***	*el ju**gue**te*	

Continuez votre liste :

Chapitre II

Les accents

1. Comme flocons de neige...

Les accents tombent parfois « comme flocons de neige », un peu au hasard, ce qui entraîne de très graves erreurs ! Un mot orthographié d'une certaine façon, mais accentué sur une voyelle ou une autre, peut avoir des **significations totalement différentes**. Il ne s'agit alors pas d'une simple faute d'orthographe, mais d'une erreur grammaticale ou lexicale importante.

*est**a** malet**a*** : cette valise (adjectif démonstratif)
*mi maleta es **é**sta* : ma valise est **celle-ci** (pronom démonstratif)
*mi maleta est**á** aquí* : ma valise est ici (verbe estar)
*est**e** balance* : ce bilan
*el balance es **é**ste* : le bilan est **celui-ci**
*quiero que est**é** listo el balance* : je veux que le bilan **soit** prêt

On peut multiplier les exemples de ce type : l'accent est un terrible piège de la langue espagnole.

2. A quoi servent-ils ?

A indiquer l'accent tonique

Il servent à indiquer l'accent tonique sur un mot de plusieurs syllabes, lorsqu'il n'est pas à sa place (petit rappel : sa place « normale » est sur la dernière syllabe d'un mot qui se termine par une consonne, sauf « s » et « n », et sur l'avant dernière syllabe d'un mot qui se termine par une voyelle, un « s » ou un « n »).

Il a alors une fonction phonétique uniquement, mais de la plus grande importance cependant.

*El r**é**gimen pol**í**tico de este pa**í**s es democr**á**tico.*
*El peri**ó**dico da una informaci**ó**n incre**í**ble.*
*La f**á**brica se sit**ú**a en la Pen**í**nsula Ib**é**rica.*

A différencier deux mots d'une seule syllabe

De lui dépend alors le sens du mot.

el *empresario* (article)	***él*** *es empresario* (pronom)
mi *oficio* (adj. possessif)	*a* ***mí*** *me gusta* (pronom)
tu *cargo* (adj. possessif)	***tú*** *recuerdas* (pronom)
se *oye ruido* (pronom)	*no* ***sé*** *el resultado* (verbe *saber*)
si *resulta posible...* (conjonction)	***sí***, *es verdad* (oui), *para* ***sí*** (pronom réfléchi)
te *lo repito* (pronom)	*bebo* ***té*** (le thé)
la tasa ***de*** *natalidad* (préposition)	*es posible que te* ***dé*** *miedo* (verbe *dar*)

más *impresionante que grave (plus)*

me interesa, ***mas*** *no voy (mais)*

he *venido (auxiliaire haber)*

¡ ***hé****, ven aquí ! (interjection)*

La liste est complète !

A marquer une différence grammaticale

Dans ce cas, l'accent peut engendrer de très graves erreurs, en particulier lors des traductions, lorsqu'un accent change le temps et la personne du verbe (il peut alors être source de contre-sens).

*s**o**lo* (adjectif)	*s**ó**lo* (adverbe)
***e**se* (adjectif démonstratif)	***é**se* (pronom démonstratif)

Il en est de même pour tous les démonstratifs.

*d**o**nde* (phrase affirmative)	*d**ó**nde* (interrogatif, exclamatif)

Il en est de même pour : *que, cuando, quien, como, cual.*

*cant**e*** (subj. présent, 3e personne)	*cant**é*** (p. simple, 1re personne)
*cantar**a*** (subj. imp, 1re personne)	*cantar**á*** (futur, 3e personne)
*cant**o*** (ind. présent, 1re personne sg)	*cant**ó*** (p. simple 3e personne sg)

Ainsi que tous les verbes en « ar » à ces mêmes conjugaisons.

3. Les grands classiques

Les mots qui se terminent par « ón »

Ils portent tous un accent au singulier, et le perdent au pluriel.
*el tac**ón**/los tac**ones***
*el mill**ón**/los mill**ones***
*la soluci**ón**/las soluci**ones***
*la opini**ón**/las opini**ones**...*

Les mots qui se terminent par « en »

S'ils ne portent pas d'accent au singulier, ils en prennent un au pluriel.
*el or**i**gen/los or**í**genes*
*la im**a**gen/las im**á**genes*
*el m**a**rgen/los m**á**rgenes...*

S'ils portent un accent au singulier, ils le perdent au pluriel.
*el and**é**n/los and**e**nes*
*el sost**é**n/los sost**e**nes*
*el vaiv**é**n/los vaiv**e**nes...*

Il existe cependant une **exception** (c'est la seule) : *el r**é**gimen/los reg**í**menes.*

Les mots qui se terminent par « ia »

Attention, ils ne prennent un accent que lorsque le « i » et le « a » forment deux syllabes : *la melancol**ía**, la geograf**ía**, la monarqu**ía**, todav**ía**, la sangr**ía**, la alcald**ía**, el d**ía**...*

Mais : *la industr**ia**, la democrac**ia**, la regenc**ia**, la advertenc**ia**, la crenc**ia**, la toleranc**ia**, imaginar**ia***

Les passés simples

S'ils sont réguliers, ils sont accentués aux 1re et 3e personnes du singulier et se différencient ainsi du présent de l'indicatif et du subjonctif pour les verbes en « ar ».

Passé simple	Présent
*yo examin**é** la situación*	*que él examin**e** la situación*
*él examin**ó** la situación*	*yo examin**o** la situación*
*yo estudi**é** el problema*	*que él estudi**e** el problema*
*él estudi**ó** el problema*	*yo estudi**o** el problema*

Mais s'ils sont irréguliers, ils ne prennent aucun accent, ce qui constitue un piège très tentant : *tuv**e**/tuv**o**, hic**e**/hiz**o**, dij**e**/dij**o**...*

Les futurs

Ils sont accentués à toutes les personnes sauf la 1re personne du pluriel, et se différencient ainsi du subjonctif passé pour les verbes en « ar » à certaines personnes.

Futur	Subjonctif imparfait
*él ejecutar**á** las órdenes*	*si él ejecutar**a** las órdenes...*
*usted pasar**á** por Madrid*	*si yo pasar**a** por Madrid...*
*ella empezar**á** mañana*	*si yo empezar**a**, sería mañana*

L'interrogation et l'exclamation

Les pronoms interrogatifs et exclamatifs sont accentués, que l'interrogation et l'exclamation soient directes ou indirectes. Il est indispensable d'être très vigilant pour reconnaître l'interrogation ou l'exclamation indirecte. Les verbes *preguntar, saber* et *decir* sont ceux qui introduisent le plus souvent l'interrogation indirecte, tandis que *ver* et *mirar* marquent l'exclamation indirecte.

*¿ Cu**á**ndo vendrás ? No sé cu**á**ndo vendré.*

*¿ Qu**é** hacemos ? Nos preguntamos qu**é** hacer.*

*¡ C**ó**mo pinta ! Si hubieras visto c**ó**mo pintaba.*

L'enclise

Dans certains cas d'enclise, il est nécessaire d'ajouter un accent pour garder l'accent tonique sur la même voyelle qu'à l'origine. Il faut toujours se baser sur la place de l'accent tonique sur la forme verbale d'origine, sans le(s) pronom(s), car c'est lui qui détermine la place définitive de l'accent tonique sur le mot. S'il n'est pas à la place déterminée par la règle de l'accent tonique, il sera écrit.

*llam**a**rse*	*llam**á**ndose*
*c**a**lla*	*c**á**llate*
*dec**i**r*	*dec**í**rmelo*
*dici**e**ndo*	*dici**é**ndolo*
*d**i***	*d**í**melo*
*com**e**r*	*comi**é**ndola*
*c**o**me*	*c**ó**mela*

Chapitre III

Les prépositions

1. Dans l'espace et dans le temps

Les prépositions constituent l'une des difficultés majeures de la langue espagnole. Il est absolument indispensable de les utiliser avec une grande précision, sous peine de graves incorrections. La première règle consiste à « ne pas imiter » l'emploi qui en est fait en français. Voici les pistes principales pour une bonne utilisation.

Dans l'espace

Il existe quatre prépositions essentielles.

« A »

La préposition *a* indique le but. Elle s'emploie toujours après un verbe de mouvement.

*Voy **a** España durante las vacaciones* = Je vais **en** Espagne pendant les vacances.
*Los huelguistas bajan **a** la calle* = Les grévistes descendent **dans** la rue.
*Llegaré **a** América en otoño* = J'arriverai **en** Amérique en automne.
*Nos acercamos **al** árbol* = Nous nous approchons **de** l'arbre.
*Se marcha **a** Ecuador* = Il part **en** Equateur.
*Vas **a** Barcelona* = Tu vas **à** Barcelone.
*¿ Vienes **a** casa de Juana mañana ?* = Viens-tu **chez** Jeanne demain ?
*Salgo **a** comprar pan* = Je sors acheter du pain.

Mais attention aux locutions suivantes, qui ne changent jamais même si elles ne suivent pas un verbe de mouvement.

a *orillas de* : au bord de
a *la entrada de* : à l'entrée de
a *lo largo de* : au long de
a *la derecha de* : à droite
a *la izquierda de* : à gauche
a *cien metros de* : à cent mètres
al *norte (**al** sur...) de* : au nord (au sud...)
al *pie de* : au pied de
al *lado de* : à côté de

« En »

En indique l'endroit où l'on est, l'absence de mouvement.

*Estaré **en** Barcelona en verano* = Je serai **à** Barcelone en été.

*Estábamos **en** casa* = Nous étions **chez** nous.

*El año pasado vivía **en** Marruecos* = L'an dernier, je vivais **au** Maroc.

*El jefe trabaja **en** su despacho* = Le chef travaille **dans** son bureau.

Mais attention, on emploie *en* alors qu'il y a mouvement dans les cas suivants : *entrar **en**, penetrar **en**, introducirse **en**, ingresar **en**, meterse **en**.*

*En cuanto ingrese **en** una escuela, practicaré un deporte.*
*Entrasteis **en** la sala silenciosamente.*
*Me metí **en** la cama y me dormí.*

Piège !
Certaines expressions font exception : *Ir **en** una dirección.* *Saltar de árbol **en** árbol.* **Faites une liste de celles que vous rencontrez :**

« Por »

Por indique le lieu par lequel on passe ou dans lequel on se déplace. Cette préposition s'emploie toujours après un verbe de mouvement.

*Paseo **por** las calles de Jaén* = Je me promène **dans** les rues de Jaén.

*Esquías **por** las pistas nevadas* = Tu skies **sur** les pistes enneigées.

*Viajamos **por** España* = Nous voyageons **en** Espagne.

*Ir **por** montes y valles* = Aller **par** monts et par vaux.

Attention, on emploie *por* également pour indiquer une localisation approximative, même s'il n'y a pas de mouvement.

*Estar **por** Cataluña* = Etre **quelque part** en Catalogne.

« De »

De indique l'endroit d'où l'on vient.

*Se alejan **de** los árboles* = Ils s'éloignent **des** arbres.

*Llegamos **de** Salamanca* = Nous arrivons **de** Salamanque.

Dans le temps

« A »

A s'emploie pour indiquer l'heure, l'âge, la périodicité, le moment précis.

*Vendré **a** las dos de la tarde* = Je viendrai **à** quatorze heures.

*Ingresó en la escuela **a** los 20 años* = Il intégra l'école **à** 20 ans.

*Sale la revista dos veces **a** la semana* = La revue parait deux fois **par** semaine.

***Al** momento cuando entró...* = **Au** moment même où il entra.

Expressions pièges !
***al** mismo tiempo* = **en** même temps
***a** principios del siglo* = **vers** le début du siècle
***a** mediados de* = **vers** le milieu de
***a** fines de* = **vers** la fin de
***al** llegar* = **en** arrivant (au moment où il arrive)
***al** día siguiente (mes, año...)* = le lendemain (le mois suivant...)

« En »

En s'emploie pour situer un fait dans le temps (mois, année, siècle).

***en** la época de Franco* = **à** l'époque de Franco
***en** el siglo XX* = **au** XXe siècle
***en** el mes de agosto* = **au** mois d'août
***en** otoño, llueve* = l'automne, il pleut

Expressions pièges !
***en** medio de* = **au** milieu de
***en** vísperas de* = **à** la veille de

« Por »

Por indique la période, le moment vague, la fête.

***por** la mañana (la tarde, la noche)* = le matin (l'après-midi, le soir)

***por** los años sesenta* = **vers** 1960 (**dans** les années 60)

***por** Navidad* = **vers (au moment de)** Noël

« De »

De ne s'emploie que pour opposer le jour à la nuit.

***De** día trabajo mucho, pero **de** noche duermo* = le jour je travaille beaucoup, mais la nuit je dors.

Piège !
Attention à la date !
*Hoy estamos **a** 25 **de** Julio **de** 2001.*
*Mi cumpleaños es **el** 30 **de** Junio.*
*Cumpliré 20 años **el** 16 **de** Septiembre **de** 2001.*

2. Autres emplois des prépositions

« A » devant les COD de personnes

Lorsque le complément d'objet direct est une personne, il est toujours précédé de la préposition *a*.

Veo al médico cada año = Je vois le médecin chaque année.

Llamamos a nuestra hija = Nous appelons notre fille.

Encontraron a sus amigos = Ils ont rencontré leurs amis.

C'est souvent une source de graves erreurs. Dans le cas, fréquent en espagnol, où sujet et verbe sont inversés, seul le *a* placé devant le COD permet de le différencier du sujet.

*Ve **el** jugador tendido en el césped...* = **Le** joueur étendu sur la pelouse voit...

*Ve **al** jugador tendido en el césped* = Il voit **le** joueur étendu sur la pelouse.

Piège !
• *A* ne s'emploie pas après le verbe *tener* : *Tengo un amigo peruano.* • *A* ne s'emploie pas après le verbe *querer* lorsqu'il signifie « vouloir » : *Quiero estudiantes ejemplares.* • *A* ne s'emploie pas devant un groupe de personnes (nom collectif) : *Aprecio la gente honrada ; Ayudan el pueblo ecuatoriano.* • On emploie *hasta* et non *a* dans l'expression « de... à » : *desde Sevilla **hasta** Córdoba*

Les emplois de « por »

Por indique le complément d'agent, la cause, l'objet d'un sentiment.

El expediente fue redactado ***por*** *los estudiantes* = Le dossier a été rédigé par les étudiants.

Lo hace ***por*** *orgullo* = Il le fait par orgueil.

Lo hace ***por*** *orgulloso* = Il le fait parce qu'il est orgueilleux.

Tenemos amistad ***por*** *ellos* = Nous avons de l'amitié pour eux.

Les emplois de « de »

De indique l'appartenance, l'origine, la matière, la caractéristique.

Este libro es ***de*** *mi vecino* = Ce livre est à mon voisin.

El chico es ***de*** *Argentina* = Le garçon est argentin.

El collar es ***de*** *oro* = Le collier est en or.

Una chica ***de*** *ojos azules* = Une fille aux yeux bleus.

Un caso difícil ***de*** *analizar* = Un cas difficile à analyser.

Una máquina ***de*** *escribir* = Une machine à écrire.

Piège !

• *El chico **de** pelo rubio* = Le garçon **aux** cheveux blonds (c'est une partie de lui-même).
*El chico **con** el abrigo verde* = Le garçon **au** manteau vert (c'est un attribut extérieur qu'il ne porte pas toujours).
• *De* peut indiquer un moment
***De** niño vivía en Chile* = Lorsque j'étais enfant, je vivais au Chili.
• On emploie *desde* et non *de* dans l'expression « de...à »
***desde** Buenos Aires hasta Patagonia* = de Buenos Aires à la Patagonie
• On emploie aussi *desde* pour indiquer le point de départ
***Desde** la ventana, veo La Alhambra* = De ma fenêtre, je vois l'Alhambra.

3. Après certains verbes, adverbes, dans certaines locutions

Voici les principaux emplois de prépositions qui peuvent constituer des pièges. Cette liste n'est pas exhaustive, elle demande à être complétée par chacun, selon ses propres découvertes.

« A »

a menudo : souvent
a pesar de : malgré
acercarse ***a*** : s'approcher de
aficionado ***a*** : passionné de
en torno ***a*** : autour de
en cuanto ***a*** : quant à
el miedo ***a*** : la peur de (face à)
el terror ***a*** : la terreur de (face à)
el amor ***a*** : l'amour de (pour)
el olor ***a*** : l'odeur de
el sabor ***a*** : le goût de
frente ***a*** : face à
junto ***a*** : près de
oler ***a*** : avoir l'odeur de
pese ***a*** : malgré
respecto ***a*** : en ce qui concerne
saber ***a*** : avoir le goût de

Continuez votre liste :

« En »

comprometerse ***en*** : s'engager à
confiar ***en*** : faire confiance à
consentir ***en*** : consentir à
consistir ***en*** : consister à
convertirse ***en*** : devenir
empeñarse ***en*** : s'entêter à
en *cambio* : en revanche
en *mi opinión* : à mon avis
estribar ***en*** : reposer sur
fijarse ***en*** : faire attention à
hoy ***en*** *día* : de nos jours
obstinarse ***en*** : s'obstiner à
participar ***en*** : participer à
pensar ***en*** : penser à
quedar ***en*** : convenir de
reflexionar ***en*** : réfléchir à
tardar ***en*** : tarder à
tener ***en*** *cuenta* : tenir compte de
vacilar ***en*** : hésiter à

Continuez votre liste :

« Con »

acabar ***con*** : en finir avec
basta ***con*** : il suffit de
conformarse ***con*** : se conformer à
contentarse ***con*** : se contenter de

con *las manos llenas* : les mains pleines
con *rapidez* : rapidement
con *voz baja* : à voix basse
con *todo* : malgré tout
con *tal de* : à condition de
contar ***con*** : compter sur, disposer de
hacerse ***con*** : se procurer
para ***con*** : envers
soñar ***con*** : rêver de (à)
tener cuidado ***con*** : faire attention à

Continuez votre liste :

« De »

a la derecha ***de*** : à droite
a la izquierda ***de*** : à gauche
alejarse ***de*** : s'éloigner de
a pesar ***de*** : malgré
a través ***de*** : à travers
acabar ***de*** : venir de
acordarse ***de*** : se souvenir de
antes ***de*** : avant
carecer ***de*** : manquer de
coger ***de*** : saisir par
colgar ***de*** : pendre au
después ***de*** : après
delante ***de*** : devant
detrás ***de*** : derrière

debajo **de** : sous
dejar **de** : cesser de
desconfiar **de** : se méfier de
de *momento* : pour le moment
de *repente* : tout à coup
de *pronto* : tout à coup
de *súbito* : tout à coup
de *vez en cuando* : de temps en temps
disfrazarse **de** : se déguiser en
estar **de** : être en qualité de
estar **de** *vacaciones* : être en vacances
estar **de** *luto* : être en deuil
hacer **de** : jouer le rôle de
ir **de** *vacaciones* : aller en vacances
ir **de** *compras* : aller faire les courses
ir **de** *paseo* : aller en promenade
por encima **de** : par-dessus
propio **de** : propre à
servir **de** *algo* : servir à quelque chose
no servir **de** *nada* : ne servir à rien
trabajar **de** : travailler comme
tratar **de** : essayer de
vestir **de** : s'habiller en

Continuez votre liste :

« Por »

dar **por** : donner pour
darse **por** : s'avouer
desvivirse **por** : s'évertuer à
esforzarse **por** : s'efforcer de
estar **por** : être à
inquietarse **por** : s'inquiéter pour
interesarse **por** : s'intéresser à
ir **por** : aller chercher
luchar **por** : lutter pour
optar **por** : opter pour
por *una parte* : d'un côté
por *otra parte* : d'un autre côté
por *todas* partes : partout
por *si acaso* : au cas où
por *más que* : avoir beau
por *muy que* : avoir beau
por *mucho que* : avoir beau
por *eso* : c'est pourquoi
por *eso es por lo que* : c'est pourquoi
por *lo tanto* : c'est pourquoi
por *supuesto* : bien sûr
preguntar **por** : demander des nouvelles de
preocuparse **por** : se préoccuper de
quedar **por** : rester à
votar **por** : voter pour

Continuez votre liste :

Absence de préposition

Attention, dans certains cas il ne faut surtout pas employer de préposition.

• Dans toutes les constructions : *es* + adjectif + infinitif

Es útil conocer *varios idiomas* = Il est utile de connaître plusieurs langues.

Es fácil comunicar *con España* = Il est facile de communiquer avec l'Espagne.

• Avec les expressions : *resulta* + adjectif + infinitif ; *me parece* + adjectif + infinitif, et toutes les constructions similaires.

• Dans les constructions : *es* + nom + infinitif

Es un problema *tenerlos aquí* = C'est un problème de les avoir ici.

¡ Es un escándalo *ver eso !* = C'est un scandale de voir cela !

• Avec les constructions : *resulta* + nom + infinitif ; *me parece* + nom + infinitif, et toutes les constructions similaires.

• Dans les constructions impersonnelles : *me interesa* + infinitif, etc.

Me interesa conocer *todas las informaciones* = Cela m'intéresse de connaître toutes les informations.

Le extraña descubrirlo *sólo hoy* = Cela l'étonne de le découvrir aujourd'hui seulement.

• Dans les constructions : *lo* + adjectif + *es,* etc.
Lo importante es conocer *las noticias del día.*
Lo más extraño es *su desinterés por la actualidad.*

• Après certains verbes :
recordar : *Recuerdo sólo los momentos agradables.*
aprovechar : *Aprovechamos la oportunidad.*
permitir : *No os permito hacer eso.*
decidir : *Decidimos salir de vacaciones.*
lograr : *No logramos saberlo.*
hacerse : *Se hizo médico.*
ponerse : *Te pusiste pálida.*
volverse : *Se vuelve importante.*
conseguir : *No conseguimos hacerlo.*
soler : *Suelo comprar en los supermercados.*
intentar : *Los bancos intentan cobrar por los cheques.*

4. « Por » ou « para » ?

Pour ne pas tomber dans le piège de la confusion d'emploi entre ces deux prépositions, il est nécessaire de cerner **les cas précis** dans lesquels on les utilise. Chacune correspond à un usage défini. Aucune place au hasard, donc...

Por	Para
Dans l'espace	
Lieu par lequel on passe	But, destination, direction
Andamos ***por*** *las calles de Madrid.*	*Salimos* ***para*** *Colombia mañana.*
Dans le temps	
Période de l'action	Moment envisagé dans l'avenir
Por *la tarde, estudio en la biblioteca.*	*Tengo que redactar un texto* ***para*** *mañana*
Devant l'infinitif	
Cause	But
Por *ser el mejor, ganó el concurso.*	*Trabajo* ***para*** *ser el mejor.*
Devant le nom, le pronom	
Echange, sentiment	Destination
Lo compré ***por*** *mil pesetas.*	*Es nocivo* ***para*** *la salud.*
Siento piedad por ***los*** *niños huérfanos.*	*Tengo un regalo* ***para*** *ti.*

Dans l'interrogation	
Cause	Conséquence, but
*¿ **Por** qué no vienes a visitarnos ?*	*¿ **Para** qué usas crema solar ?*
Avec *estar*	
Etre à, rester à	Etre sur le point de
*El informe está **por** redactar.*	*Estamos **para** salir.*

Expressions à mémoriser	
***Por** consiguiente* (par conséquent)	***Para** mí...*
***Por** eso es **por** lo que...*	*No servir **para** nada.*
***Por** una parte, **por** otra parte ...*	***Para** que*
***Por** si acaso...*	***Para** colmo...*
***Por** si fuera poco...*	***Para** empezar (terminar, concluir...)*
***Por** una vez*	***Para** con*

Continuez votre liste (voir expressions avec *por*, chap. III) :

Le tableau ci-dessous récapitule brièvement l'emploi de chacune des prépositions (sans évoquer à nouveau les expressions ou emplois particuliers après certains verbes).

A
• Devant un complément de lieu, pour indiquer la direction, le but. *Iremos **a** Argentina durante las vacaciones de verano, y **a** España en otoño.* • Devant un complément de temps, pour indiquer l'heure, l'âge, la périodicité. *Nos citamos **a** las cinco de la tarde, una vez **al** mes, durante un año.* *Empezó a estudiar el alemán **a** los treinta años, cuando se casó con una alemana.* • Devant un complément d'objet direct s'il représente une personne. *Escucho **a** mi abuela ya que siempre me da buenos consejos.* • Pour indiquer un changement, une transformation *Traduzco el documento **al** francés.* *Pasamos el texto **al** futuro.*
EN
• Devant un complément de lieu, pour indiquer l'endroit où l'on est. *Quedamos **en** Madrid durante el período de las vacaciones de verano.* • Devant un complément de temps, pour situer un fait. *Cristobal Colón descubrió América **en** el siglo XV.*
DE
• Devant un complément de lieu, pour indiquer l'endroit d'où l'on vient. *Salís **de** Barcelona muy temprano para llegar a Granada antes del anochecer.*

• Pour indiquer l'appartenance.
*Este coche aparcado delante de la casa es **de** mis primos.*
• Pour indiquer la matière.
*La pulsera que llevo hoy es **de** plata.*
• Pour indiquer l'origine.
*Mi familia es **de** Galicia.*
• Pour indiquer la caractéristique.
*Me parece un caso difícil **de** entender.*

POR

• Devant un complément de lieu, pour indiquer le lieu dans lequel on se déplace.
*Navegamos **por** un mar tan azul que parece un sueño.*
• Devant un complément de temps, pour indiquer la période.
*Vendré a visitaros **por** Pascuas.*
• Pour indiquer la cause.
*Le encarcelaron **por** robo.*
• Pour indiquer l'objet d'un sentiment.
*Tengo piedad **por** estos vagabundos que viven en las calles.*
• Pour indiquer le complément d'agent.
*El edificio fue construido **por** un gran arquitecto.*

PARA

• Devant un complément de lieu, pour indiquer le but, la destination.
*Saldremos **para** Venezuela dentro de dos semanas.*
• Devant un complément de temps, pour indiquer le but dans l'avenir.
*Usted me tiene que preparar el informe **para** el martes.*
• Pour indiquer le but de l'action.
*Lo hicimos **para** conseguir buenos resultados y aprobar.*

Ce tableau n'évoque pas tous les cas d'emploi de telle ou telle préposition mais ses emplois les plus fréquents. Pour une bonne connaissance des divers emplois, il sera nécessaire de noter les exemples rencontrés dans les exercices et les textes et de les situer dans les différentes rubriques de ce chapitre. Courage ! Ils sont très nombreux et... indispensables à une parfaite connaissance de la langue.

Chapitre IV

Le genre et le nombre

1. Les noms

Masculin et féminin

En règle générale, les mots terminés par « o » sont masculins et les mots terminés par « a » sont féminins. Les autres ne répondent à aucune règle particulière. Il est cependant possible de les classer par catégories pour éviter certains pièges. Mais il restera nécessaire de mémoriser les exceptions qui ne rentrent dans aucune catégorie. Par exemple : ***la mano*** (= la main, unique exception de mot féminin qui se termine par « o ») et ***el día*** (= le jour).

De la même façon, il est indispensable de mémoriser le genre des mots qui ne répondent à aucun critère de choix : ***la*** *miel* (= le miel), ***la*** *sal* (= le sel), ***la*** *sangre* (= le sang), ***la*** *serpiente* (= le serpent).

Dans tout répertoire de vocabulaire il est nécessaire d'enregistrer chaque nom précédé de l'article qui en indique le genre.

Les mots en « or »

Les mots qui se terminent en « or » sont tous **masculins**.
el *col**or*** : la couleur
el *val**or*** : la valeur
el *sab**or*** : la saveur
el *renc**or*** : la rancœur

Sauf quatre exceptions :

la *fl**or*** : la fleur
la *colifl**or*** : le chou-fleur

***la** labor* : le travail
***la** sor* : la sœur (la religieuse)

Les mots en « ista »

Les mots qui se terminent par « ista » sont masculins malgré leur terminaison en « a ».

S'ils désignent des femmes, ils peuvent cependant se mettre au féminin :

***el** periodista* (le journaliste) mais aussi ***la** periodista* (la journaliste)

***el** socialista* (le socialiste) mais aussi ***la** socialista* (la socialiste)

***el (la)** comunista*, ***el (la)** anarquista*, ***el(la)** derechista*, etc.

***el** pianista* (le pianiste) mais aussi ***la** pianista* (la pianiste)

Les mots en « ema » et « oma »

Les mots qui se terminent en « ema » ou « oma » sont masculins malgré le « a » final.

***el** problema* : le problème
***el** sistema* : le système
***el** diploma* : le diplôme
***el** lema* : la devise
***el** emblema* : l'emblème...

Les mots en « ón »

Les mots qui se terminent par « ción » et « sión » sont féminins, alors que ceux qui se terminent en « zón » sont masculins dans la majorité des cas et ceux qui se terminent par « ón » précédé d'une autre consonne sont masculins.

Féminin	Masculin
« ción », « sión »	
***la** nación* : la nation ***la** pasión* : la passion ***la** solución* : la solution…	
« zón »	
***la** razón* : la raison ***la** picazón* : la démangeaison	***el** corazón* : le cœur ***el** buzón* : la boîte à lettres
« ón »	
	***el** algodón* : le coton ***el** camisón* : la chemise ***el** balón* : le ballon

Les noms propres

En ce qui concerne les noms propres, ils respectent le genre du nom commun sous-entendu.

***el** (mar) Mediterráneo*
***el** (océano) Atlántico*
***el** (río) Guadalquivir*
***el** (río) Sena*
***el** (coche) Seat*
***la** cordillera Cantábrica*
***la** sierra Nevada*
***los** (montes) Andes*
***los** (montes) Alpes*

Pour ce qui est des villes, le genre n'est pas défini et peut varier.

el Toledo antiguo
el Madrid actual

la Barcelona moderna
la imperial (ciudad de) Toledo

Piège !
Les noms de continents, de pays, et les noms de régions ont un genre défini par leur terminaison. Ils ne sont jamais précédés de l'article (attention en Amérique latine l'usage de l'article est très fréquent), sauf exceptions : les noms formés de noms communs (*Los Estados Unidos*, *Los Países Bajos*), certaines exceptions inexpliquées (*el Perú, el Ecuador, el Brasil, la India*), et s'ils sont qualifiés. ***España*** *forma parte de la Comunidad Europea* = **L'**Espagne fait partie de la Communauté européenne. ***La España de*** *Franco era una dictadura* : **L'**Espagne de Franco était une dictature. ***La España de*** *los años ochenta conoció muchos cambios* : **L'**Espagne des années 80 a connu beaucoup de changements. *Bien conocemos el mito de* ***las dos Españas*** = Nous connaissons bien le mythe des deux Espagne. **Cataluña** es muy rica = **La** Catalogne est très riche. ***La Cataluña*** *turística se sitúa a orillas del mar* = **La** Catalogne touristique est celle du bord de mer. ***El País Vasco*** *tiene su idioma propio* = **Le** Pays Basque a sa propre langue. ***El País Vasco*** *de hoy sigue muy agitado* = **Le** Pays Basque actuel est toujours très agité. ***Europa*** *cambiará pronto de moneda* = **L'**Europe changera bientôt de monnaie. ***La Europa del Este*** *se vuelve competitiva* = **L'**Europe de l'Est devient compétitive.

Article masculin, nom féminin

Certains mots sont précédés d'un **article défini** masculin pour des raisons de phonétique, mais ils sont féminins : c'est le cas de tous les mots qui commencent par un « a » accentué toniquement. S'ils sont précédés de l'article indéfini, de l'adjectif démonstratif ceux-ci retrouvent la forme du féminin : « una », « esta », « esa », « aquella », car le problème phonétique (deux « a » successifs accentués toniquement) n'existe plus.

***el a**gua* (l'eau)	***una** agua*	***esta** agua*
***el a**rma* (l'arme)	***una** arma*	***esta** arma*

S'ils sont suivis d'un adjectif qualificatif, celui-ci est au féminin dans tous les cas.

el a**gua pur**a	***una a**gua pur**a***	***esta a**gua pur**a***
el a**rma peligros**a	***una a**rma peligros**a***	***esta a**rma peligros**a***

Deux genres, deux sens

Certains mots ont un sens différent suivant leur genre. En voici les principaux :

***el orden** público* : l'ordre public
***el frente** de la guerra* : le front militaire
***el capital** de la empresa* : le capital de l'entreprise
el parte **:** la dépêche
el guía **:** le guide, personne
el policía **:** l'agent de police
***la orden** del jefe* : l'ordre du chef
***la orden** religiosa* : l'ordre religieux
***la frente** de una persona* : le front, partie du visage
***la capital** de España es Madrid* : la capitale de l'Espagne...
la parte **:** la partie
la guía **:** le guide, livre
***la policía** municipal* : la police municipale

Singulier et pluriel

En règle générale, on ajoute « s » aux mots terminés par une voyelle et « es » aux mots terminés par une consonne pour les faire passer du singulier au pluriel.
*el empleado : los empleado**s***
*el sacerdote : los sacerdote**s***
*el papel : los papel**es***
*la liebre : las liebre**s***
*la profesora : las profesora**s***
*la pared : las pared**es***

Les pièges liés à la terminaison des mots

Les principaux pièges concernent :

• Les mots se terminant par **« y »,** car celui-ci est considéré comme une consonne.

*el re**y** : los re**yes***
*el bue**y** : los bue**yes***
*la le**y** : las le**yes***

• Les mots qui se terminent par **« í »,** car ils font leur pluriel en « es ».

*el marroqu**í** : los marroqu**íes***
*el rub**í** : los rub**íes***

• Les mots qui se terminent par **« s »** : ils font leur pluriel en « es » ou sont invariables, suivant les cas (invariables si l'accent tonique est sur l'avant-dernière syllabe).

*el autob**ús** : los autobus**es***
*el franc**és** : los frances**es***

*el mart**es** : los mart**es***
*el miércol**es** : los miércol**es***
*la cris**is** : las cris**is***
*la tes**is** : las tes**is***

Il est important de retenir que tous les mots qui se terminent en « sis » resteront invariables, de même tous les jours de la semaine.

• Les mots qui se terminent par **« z »** car ils font leur pluriel en **« ces ».**
*el mati**z** : los mati**ces***
*el pe**z** : los pe**ces***
*el lápi**z** : los lápi**ces***
*la vo**z** : las vo**ces***

Il ne s'agit là que d'une modification d'orthographe, elle est systématique, il faut donc en acquérir le réflexe.

Ajout et retrait d'accents

Les ajouts ou retraits d'accents écrits sont nécessaires en raison de l'accent tonique (voir chapitre II).

Inutile de revenir sur l'importance de ces accents : là aussi, il faut acquérir certains réflexes (mots en « ón » par exemple).

Les mots toujours au pluriel

Certains mots ne s'emploient qu'au pluriel. Ils correspondent souvent aux mots employés seulement au pluriel en français également, donc posent moins de problème.

las afuera***s*** : les environs
las gafa***s*** : les lunettes
las *tijera**s*** : les ciseaux...

Les mots toujours au singulier

D'autres ne s'emploient qu'au singulier. Il faut alors faire très attention à bien accorder verbes, adjectifs possessifs et autres au singulier, alors que la tentation est grande de les mettre au pluriel !

la *gent**e*** : les gens
la *subast**a*** : les enchères

Nombre différent, sens différent

N'oubliez pas les mots qui ont un sens différent au singulier et au pluriel.

la *esposa* : l'épouse	***las*** *esposa**s*** : les menottes
el *pelo* : les cheveux	***los*** *pelos* : les poils

Il s'agit notamment du pluriel des mots qui indiquent la parenté ou représentent le couple. Ce sont pour la plupart des mots très courants (les parents, les grands-parents...) sur lesquels il n'est pas permis d'avoir la moindre hésitation !

el *padre* : le père	***los*** *padres* : les parents (père + mère)
el *hijo* : le fils	***los*** *hijos* : les enfants
el *abuelo* : le grand-père	***los*** *abuelos* : les grands-parents...

2. Les adjectifs

Masculin et féminin

En règle générale, seuls les adjectifs terminés par « o » font leur féminin en « a ». Le premier piège dans lequel ne pas tomber, c'est d'accorder les autres.

ric**o** : ric***a***
*seri**o** : seri**a***
Mais :
libr***e*** : libr***e***
feli**z** : feli**z**

Il est d'autant plus important d'être très attentif à cet accord que les adjectifs servent à construire les adverbes en « mente ». Il suffit pour cela d'ajouter « mente » à l'adjectif au féminin. Beaucoup d'erreurs viennent du mauvais accord de l'adjectif.

*ric**o** : ric**amente***
*seri**o** : seri**amente***
*libr**e** : libr**emente***
*feli**z** : feli**zmente***

Les principaux pièges concernent :

• Les adjectifs de nationalité qui s'accordent au féminin quelle que soit leur terminaison au masculin.
*italian**o** : italian**a***
*franc**és** : frances**a***
*español : español**a***
*alem**án** : deman**a**...*

• Les adjectifs qui se terminent par « dor », « tor », « sor », « ón », « án », « in », « ote », « ete », et qui ont un féminin en « a ».

*trabaja**dor** : trabaja**dora***
*protec**tor** : protec**tora***
*holgaz**án** : holgaz**ana***
*glot**ón** : glot**ona***

• Les adjectifs qui se terminent par « ista » qui sont invariables au masculin et au féminin.

*un chico optimist**a** : una chica optimist**a***
*un hombre pesimist**a** : una mujer pesimist**a***

• Certains adjectifs subissant une modification appelée « apocope » (ils perdent le « o » final) lorsqu'ils sont placés devant un nom masculin, singulier. C'est le cas de : *uno, veintiuno, bueno, malo, primero, tercero, alguno, ninguno.*

*Un bue**n** empleo*
*el prime**r** resultado*
*ningú**n** riesgo*

L'adjectif *santo* devient *san* devant un nom propre, sauf si celui-ci commence par *to* ou par *do*.

***San** Juan*
*San**to** Tomás*

L'adjectif *grande* devient *gran* devant tous les noms singuliers.

*un **gran** acontecimiento*
*una **gran** noticia*

L'adjectif *reciente* devient *recién* devant les participes passés.

El ***recién nacido*** está llorando.

*Todos los **recién llegados** vinieron a informarse.*

Cualquiera devient *cualquier* devant tous les noms singuliers.

cualqu***ier*** oficio

*cualqu**ier** oficina*

Singulier et pluriel

La formation du pluriel est la même pour les adjectifs que pour les noms : on ajoute « s » aux adjectifs terminés par une voyelle, « es » à ceux terminés par une consonne, en suivant les modifications d'orthographe qui s'imposent.

*seri**o***	*seri**os***
*apacibl**e***	*apacibl**es***
*evocado**r***	*evocado**res***
*cort**és***	*cort**eses***
*fel**iz***	*fel**ices**...*

Il n'y a pas d'apocope au pluriel.

Un buen momento	*buenos momentos*
El primer día	*los primeros días*

Piège !

Les adjectifs numéraux ne prennent jamais la marque du pluriel.

*Los **años ochenta** marcan un gran cambio en España.*

Chapitre V

Les possessifs

1. Les adjectifs

Rappel

Ce sont :	*mi - mis*	*nuestro - nuestra - nuestros - nuestras*
	tu - tus	*vuestro - vuestra - vuestros - vuestras*
	su - sus	*su - sus*

Il convient de noter que seuls les adjectifs possessifs de la première et de la deuxième personne du pluriel prennent la marque du féminin.

mi sitio	*mi silla*
nuestro sitio	*nuestra silla*

Il ne faut pas oublier que la personne usted implique un adjectif possessif de 3e personne du singulier.

*¿ Puede usted presentarme **su** pasaporte, por favor ?*

Cet adjectif possessif est le plus dangereux, car il s'emploie aussi bien pour la 3e personne du singulier (y compris *usted*), que pour la troisième personne du pluriel (y compris *ustedes*). Dans le cas d'un discours direct, il faut donc être spécialement attentif.

Piège !

*María conoce **su** lección de memoria* = Marie connaît ***sa*** leçon par cœur.
*Una vez liberadas de **su** jaula, las palomas volaron* = Libérées de **leur** cage, les colombes s'envolèrent.
*Gracias por **su** libro, Señor* = Merci pour **votre** livre, Monsieur.
*Les agradezco por **su** paciencia, Señoras* = Je vous remercie pour **votre** patience, Mesdames.

S'il y a risque de confusion entre les personnes, on emploie *de él, de ella, de usted*... pour préciser de quelle personne il s'agit.

Para él, ***las*** *reflexiones* ***de ella*** *carecían de valor.* (Eduardo Mendoza)

L'emploi du possessif *sus* aurait prêté à confusion, car il aurait été possible alors de lui attribuer à lui (*él*) les réflexions.

Lorsqu'on s'adresse à une personne, sauf s'il s'agit d'un militaire, on emploie après le nom, la forme :

mío - mía - míos - mías	*nuestro - nuestra - nuestros - nuestras*
tuyo - tuya - tuyos - tuyas	*vuestro - vuestra - vuestros - vuestras*
suyo - suya - suyos - suyas	*suyo - suya - suyos - suyas*

¡ Hijos ***míos****, quedaos en casa !*
Muy Señor ***mío****,... (al principio de una carta)*
Mi *coronel, ...*

On emploie également la forme *mío, tuyo*... pour exprimer la tournure française « à moi », « à toi »..., ou encore « un de mes », « de tes... »

Esperaba un comportamiento en consonancia con nuestro alto destino de ayudantes ***suyas***. (M. Mayoral - CCIP 2000) = Il attendait un comportement en accord avec notre haute destinée d'assistantes à lui.

Tres amigos míos vendrán a acompañarnos = Trois de mes amis viendront nous accompagner.

Piège !

En espagnol, la possession n'est pas toujours exprimée par le possessif. Il est possible de rendre le verbe pronominal ou d'employer le pronom complément, et d'utiliser l'article.

Se ***me*** *llenaba la garganta de una congoja insoportable* = **Ma** gorge s'emplissait d'une angoisse insupportable.

Alicia ***se*** *pone las gafas* = Alicia met **ses** lunettes.

Podremos hablar sin que nadie ***nos*** *pida la documentación* = Nous pourrons parler sans que personne ne nous demande **nos** papiers.

Se *limpió* ***los*** *labios con* ***la*** *servilleta* = Il nettoya ses lèvres avec sa serviette.

2. Les pronoms

Rappel

Ce sont : *el mío, la mía, los míos, las mías*
el tuyo, la tuya, los tuyos, las tuyas
el suyo, la suya, los suyos, las suyas
el nuestro, la nuestra, los nuestros, las nuestras
el vuestro, la vuestra, los vuestros, las vuestras
el suyo, la suya, los suyos, las suyas

Ils sont d'une utilisation simple dans la majeure partie des cas.

Me he permitido encargar mi comida y ***la tuya*** (Edouardo Mendoza) = Je me suis permis de commander mon déjeuner et **le tien**.

Vuestro padre es albañil, ***el nuestro*** *es carpintero* = Votre père est maçon, **le nôtre** est charpentier.

Tus estudios serán interesantes,* ***los míos*****, en cambio, aburridos* = Tes études doivent être intéressantes, **les miennes** au contraires sont ennuyeuses.

*Attention au pronom possessif lorsque le mot n'a pas le même genre en espagnol et en français ! Il doit toujours s'accorder avec le nom qu'il représente, il ne faut pas tomber dans le piège de le traduire tout simplement tel qu'il est écrit en français !

A la forme *usted* et à la forme *ustedes* correspondent bien évidemment les pronoms possessifs de 3e personne du singulier et du pluriel, qui, tout comme pour les adjectifs possessifs, sont les mêmes. Les pièges se trouvent donc une fois encore à ces personnes.

Si al cliente apenas se le ocurrían dos frases lacónicas expresando que aún estaba vivo, y saludos para ***los suyos****...* (I. Allende) = S'il ne venait à l'idée du client que deux phrases laconiques disant qu'il était encore en vie et qu'il saluait **les siens** (sa famille)...

¿ Quiere usted ecribirles a ***los suyos*** *?* = Voulez-vous écrire **aux vôtres** (à votre famille) ?

Nunca les dan noticias a ***los suyos*** = Ils ne donnent jamais de nouvelles **aux leurs** (à leur famille).

Quelques expressions à mémoriser :

alrededor ***mío*** *(tuyo-suyo ...)* = autour de moi (toi-lui ...)
no es culpa ***mía*** *(tuya...)* = ce n'est pas ma faute
esto es ***lo tuyo*** = c'est ton affaire (cela te regarde)
salirse con ***la suya*** = parvenir à ses fins
el pan ***nuestro*** *de cada día* = notre pain de chaque jour

Chapitre VI

Les démonstratifs

1. Les adjectifs

Rappel

Ce sont : *este, esta, estos, estas*
ese, esa, esos, esas
aquel, aquella, aquellos, aquellas

L'adjectif démonstratif employé indique l'éloignement plus ou moins grand, dans l'espace, dans le temps, dans la relation : *este* = le plus proche, *ese* = position intermédiaire, *aquel* = le plus éloigné.

***Acabo de leer** un libro muy interesante* ; ***este** libro es una novela argentina.*

*En **1492**, descubrió Cristobal Colón América ; **aquel** año fue también el del final de la Reconquista.*

L'adjectif démonstratif *ese* peut donner une connotation péjorative, surtout lorsqu'il est placé devant un nom qui représente une personne.

***Ese** hombre es incapaz de cumplir con su deber.*

Piège !

Les adjectifs démonstratifs ne portent jamais d'accent. Il faut cependant être très vigilant à ne pas confondre l'adjectif démonstratif masculin singulier *este, ese, aquel* avec le pronom démonstratif neutre *esto, eso, aquello* qui lui non plus ne porte pas d'accent, puiqu'il n'est que pronom et jamais adjectif. ***Esto, eso, aquello*** ne se placent **jamais devant un nom** ! Ils ne se mettent bien sûr **jamais au pluriel**.

2. Les pronoms

Rappel

Ce sont : *éste, ésta, éstos, éstas*
ése, ésa, ésos, ésas
aquél, aquélla, aquéllos, aquéllas

Ils ne se différencient donc de l'adjectif que par l'accent écrit sur la voyelle tonique... d'où l'extrême importance de cet accent.

Ils indiquent l'éloignement de la même façon que les adjectifs : *éste* = le plus proche, *ése* = situation intermédiare, *aquél* = le plus éloigné.

***Mira** todas las novelas que tengo en mi biblioteca : **ésta** es la que más me gusta.*

Le pronom démonstratif *ése* peut également exprimer une idée péjorative.

*Sabes que **ése** no es sino un incapaz.*

Piège !

Il ne faut **surtout pas employer de démonstratif** dans les expressions « celui de »/« celui qui », « celle de »/« celle qui », « ceux de »/« ceux qui », « celles de »/« celles qui ».

En espagnol, on construit ces expressions avec l'article défini correspondant au nom évoqué : ***el de, el que, la de, la que, los de, los que, las de, las que.***

- *Leí tres novelas : **la** (novela) **de** Isabel Allende me gustó más que **la** (novela) **de** Octavio Paz, pero **la** (novela) **que** me encantó fue **la** (novela) **de** Alejo Carpentier.*
- *Tenemos dos proyectos de vacaciones : **el de** visitar Ecuador y **el de** conocer Adalucía, **el que** más me atrae es **el de** conocer Andalucía.*

Il est également possible de former des expressions avec le neutre ***lo de, lo que.*** L'expression « *lo de* » n'a pas d'équivalent exact en français, et suivant les cas, signifie « ce qui concerne », « ce qui appartient... ».

- *A mí me interesa mucho **lo de** las Comunidades Autónomas.*
- *No sé **lo que** ocurrió ayer.*

A éviter ! Il ne faut pas employer la tournure ***lo que*** + *es* + adjectif, qui est très lourde, mais lui préférer ***lo*** + adjectif !
*Durante los viajes, **lo interesante** es descubrir nuevos modos de vida.*

Quelques expressions à mémoriser :

eso *es* : c'est cela
en ***esto*** : sur ce, sur ces entrefaites
a ***eso*** *de* (+ heure) : vers (9 h...)

Partie VII

Les pronoms personnels

1. Pronoms sujets

Rappel

Ce sont :	*yo*	*nosotros, nosotras*
	tú	*vosotros, vosotras*
	él, ella, Usted	*ellos, ellas, Ustedes*

Il faut tout d'abord noter qu'ils ne sont pas employés systématiquement devant le verbe car sa terminaison suffit à indiquer la personne. Leur usage est donc réservé à d'autres cas. D'où certains pièges !

Piège !
L'emploi du pronom personnel sujet sert à insister sur la personne
*Salgo de vacaciones mañana, pero **tú**, ¿ cuándo te vas ?* = Je pars en vacances demain, mais **toi**, quand pars-tu ?

Ils peuvent aussi être employés pour différencier deux personnes l'une de l'autre, surtout si la seule terminaison du verbe ne suffit pas à le faire.

Piège !
C'est le pronom personnel sujet qui marque la différence entre deux personnes
***Ella** estudia las Letras, pero **él** estudia las Matemáticas.* = **Elle, elle** étudie les lettres, mais **lui**, **il** étudie les mathématiques.

Dans un cas comme dans l'autre, et dans tous les cas, on ne répètera donc jamais le pronom personnel sujet deux fois.

Ils s'emploient également lorsqu'ils sont sujets d'un verbe sous-entendu, en particulier pour répondre à une question.

Piège !
C'est le pronom personnel sujet qui répond à la question
– *¿ Quién quiere venir de compras conmigo ?* – ***¡ Yo !*** (= *yo quiero venir de compras contigo*) – Qui veut venir faire les courses avec moi ? – **Moi !**

Il faut cependant noter « un cas un peu spécial » : celui de *usted, ustedes*.

Ce pronom personnel sujet s'utilise pour exprimer la forme de politesse. C'est l'abréviation de *Vuestra Merced* (Votre Grâce !), ce qui explique sans doute pourquoi la forme de politesse s'emploie assez peu en Espagne. On le trouve souvent écrit en abrégé : *Vd, Vds, Vdes, Ud, Uds, Udes*.

Il est impératif pour en faire bon emploi de considérer qu'il y a en espagnol « quatre » façons de s'adresser à quelqu'un :

tú = une seule personne, à qui je m'adresse de façon familière

vosotros (as) = plusieurs personnes à qui je m'adresse de façon familière (= *tú* + *tú* + *tú*...)

Usted = **une seule personne** à qui je m'adresse de façon respectueuse

Ustedes = **plusieurs personnes** à qui je m'adresse de façon respectueuse (= *Ud* + *Ud* + *Ud*...)

Ud et *Udes* entraînent un verbe conjugué à la 3e personne du singulier et du pluriel. Ceci a deux conséquences : tout d'abord contrairement aux autres pronoms personnels sujets, on les emploie systématiquement pour les différencier de la troisième personne du singulier (*él, ella*), et du pluriel (*ellos, ellas*) ; ensuite, ils entraînent également tous pronoms (réfléchis, compléments ...) et possessifs à la 3e personne du singulier et du pluriel.

Piège !

*Hijos míos, ¿ Por qué hac**éis** tanto ruido ?* = Mes enfants, pourquoi faites-**vous** tant de bruit ?
*¿ Me puede **Usted** entregar el informe mañana, Señor ?* = Pouvez-**vous** me remettre le rapport demain, Monsieur ?
*Señoras, **Ustedes** no tienen el permiso de aparcar aquí* = Mesdames, **vous** n'avez pas l'autorisation de stationner ici.

2. Pronoms réfléchis

Rappel

Ce sont : *me, te, se, nos, os, se*

Certains verbes sont pronominaux et se conjuguent donc avec un pronom réfléchi. Ces verbes, à l'infinitif sont suivis du pronom réfléchi de la troisième personne : *lla-mar**se***.

Les verbes pronominaux en espagnol ne sont pas obligatoirement les mêmes qu'en français ! Il faut donc faire très attention à n'employer un pronom réfléchi en espagnol que si l'on a la certitude que le verbe est pronominal.

Verbes pièges !
pasar : *¿ Qué pasa ?* = Que **se** passe-t-il ? ***pasear*** : *Paseo por el bosque* = Je **me** promène dans le bois **Continuez votre liste :**

Attention, ils respectent la règle de l'enclise, expliquée dans le chapitre V.

3. Pronoms compléments

Les compléments d'objet directs

Rappel

Ce sont : *me, te, lo, la, nos, os, los, las*

Leur emploi est simple, le seul impératif étant, une fois encore de faire très attention au genre du mot qu'ils remplacent, car les pronoms ont un masculin et un féminin à la troisième personne.

Piège !
Estoy escribiendo poemas, te ***los*** *leeré si quieres.* *El agua me parece demasiado sucia para que* ***la*** *bebamos.* *Tenían guías para explicarles los monumentos y* ***los*** *escuchaban con mucha atención.*

Attention, ils respectent la règle de l'enclise, expliquée dans le chapitre V.

Les compléments d'objet indirects

Rappel

Ce sont : *me, te, le, nos, os, les*

Un seul pronom au masculin et au féminin pour la 3e personne du singulier et pour la 3e personne du pluriel.

Il existe trois cas délicats à considérer.

Le complément d'objet direct représente une personne

Le complément d'objet direct, lorsqu'il représente une personne, est toujours précédé de *a*, il peut donc être considéré comme indirect, et le pronom *le* peut donc être employé. Ce n'est pas une obligation, mais c'est souvent le cas, car cela permet de distinguer les personnes des choses.

Cuando escucho ***música, la*** *escucho con los ojos cerrados.*

Cuando miro ***a mi madre, la*** *veo muy joven.*

Cuando miro ***a mi madre, le*** *veo muy joven.*

Pour représenter « usted » et « ustedes »

Si *le* s'emploie pour représenter *usted* et *les* pour représenter *ustedes*, il faut être très vigilant, en particulier dans le discours direct, pour employer cette forme et la reconnaître comme pronom complément de la forme de politesse aussi, et non pas seulement de la 3e personne « il » ou « elle ».

Señor, ***le*** *ruego me mande su respuesta lo antes posible.*

= Monsieur, je **vous** demande de m'envoyer votre réponse le plus tôt possible.

Señoras, ***les*** *pido que me expliquen el porqué de su visita.*

= Mesdames, je **vous** demande de m'expliquer la raison de votre visite.

Avec « lo », « la », « los » et « las »

Lorsque deux pronoms compléments se suivent, on place le pronom indirect puis le pronom direct. Si les deux pronoms sont à la 3e personne, le pronom indirect est remplacé dans tous les cas par *se*.

Se lo *doy :* Je **le lui** donne - Je **le leur** donne - Je **vous le** donne (*a usted, a ustedes*)
Se los *devuelve* : Il **les lui** rend - Il **les leur** rend - Il **vous les** rend
Se la *cuentan* : Elles **la lui** racontent - Elles **la leur** racontent - Elles **vous la** racontent
Se las *prestamos* : Nous **les lui** prêtons - Nous **les leur** prêtons - Nous **vous les** prêtons

Piège !

*Señores Directores, quiero anunciar**les** una noticia, pero no **se la** puedo decir antes de que todos los empleados estén presentes, ya que **les** concierne también*
= Messieurs les Directeurs, je veux **vous** annoncer une nouvelle, mais je ne peux vous la dire avant que tous les employés ne soient là, car elle **les** concerne aussi.

A noter

ocurrírsele a uno : venir à l'idée de quelqu'un
antojársele a uno : avoir la fantaisie de
arreglárselas : se débrouiller

4. Les pronoms précédés de prépositions

Rappel

Ce sont : *mí, ti, él, ella, usted, nosotros, nosotras, vosotros, vosotras, ellos, ellas, ustedes.*

A partir de la troisième personne du singulier, il s'agit donc des pronoms personnels sujets.

Trois cas délicats sont à noter.

Après la préposition « con »

Les deux premières personnes ont une forme particulière : *conmigo, contigo.*

Quant à la troisième personne, du singulier et du pluriel, elle peut avoir deux formes différentes : *con él, con ella, con usted*, mais aussi *consigo* s'il s'agit d'une forme réfléchie ; *con ellos, con ellas, con ustedes*, mais aussi *consigo* s'il s'agit d'une forme réfléchie.

Desde que tengo un móvil, lo llevo ***conmigo*** *a todas partes. ¿ Tú no lo llevas* ***contigo*** *cada mañana cuando te vas ?* = Depuis que j'ai un téléphone portable, je l'emporte partout **avec moi.** Et toi, tu ne l'emportes pas **avec toi** chaque matin en partant ?

Piège !

Cada año, le llevaban ***con ellos*** *de vacaciones a la montaña, y la niña llevaba* ***consigo*** *un montón de juguetes para divertirse ; cuando se reunían* ***con ella****, los amigos llevaban también unos vídeos* ***consigo*** = Chaque année, ils l'emmenaient **avec eux** en vacances à la montagne, et la petite fille emportait **avec elle** beucoup de jouets pour s'amuser ; lorsqu'ils se joignaient **à elle**, ses amis emportaient aussi **avec eux** quelques videos.
Si Usted quiere encontrar un acuerdo ***con ellas****, tiene que tener todos los documentos* ***consigo*** = Si vous voulez trouver un accord **avec elles**, vous devez avoir tous les documents **avec vous.**

Le réfléchi après les autres prépositions

Après toutes les autres prépositions (*a, en, de, por, para*, etc...), le pronom réfléchi de la troisième personne du singulier comme du pluriel est *sí*.
No tiene confianza en ***él*** = Il n'a pas confiance en **lui** (l'autre).
No tiene confianza en ***sí*** = Il n'a pas confiance en **lui** (même).
= Elle n'a pas confiance en **elle** (même).
Usted no tiene confianza en ***sí*** = Vous n'avez pas confiance en **vous** (même).

Piège !

según ***yo (tú)*** : selon **moi (toi)**
excepto ***yo (tú)*** : sauf **moi (toi)**
salvo ***yo (tú)*** : sauf **moi (toi)**
entre ***tú*** *y* ***yo*** : entre **toi** et **moi**
me digo entre ***mí*** : je me dis en **moi-même**
hasta ***yo (tú, él)*** : même **moi (toi, lui)**
hasta ***mí (ti)*** : jusqu'à **moi (toi)**
yo *que* ***tú*** : à ta place
On emploie aussi couramment les pronoms sujets après les locutions (*delante de, detrás de*...).
delante de ***él*** : devant **lui** (même)

Continuez votre liste !

Après la préposition « a »

Il faut différencier le pronom complément indirect du pronom précédé de cette préposition.

On emploie très souvent les deux l'un après l'autre, de façon à insister sur la personne.

A ***mí, me*** *gusta viajar por Europa* = **Moi, j**'aime voyager en Europe.
A ***él, le*** *encanta la ópera* = **Lui,** l'opéra **l**'enchante.
A ***ti*** *¿* ***te*** *parece inútil ?* = A **toi**, cela **te** semble inutile ?
A ***ustedes, les*** *importa la lealtad* = Pour **vous**, la loyauté est importante.

Piège !

Toujours l'accent ! Si le pronom a un homonyme, pour le différencier de celui-ci, le pronom porte un accent.
*A **mí** me duele la garganta* = J'ai mal à la gorge.
*A **mi** hermano le duele la cabeza* = Mon frère a mal à la tête.
*Pensaba mucho en **él*** = Je pensais beaucoup à lui.
*Pensaba mucho en **el** resultado* = Je pensais beaucoup au résultat.

5. L'enclise

Les pronoms personnels compléments d'objet directs, indirects et réfléchis se placent normalement devant les verbes. Trois exceptions : si le verbe est à l'infinitif, au gérondif, à l'impératif, les pronoms se placent après le verbe et sont soudés à lui. Ils restent dans le même ordre : pronom complément d'objet indirect puis direct, ou réfléchi puis direct.

Ceci entraînera évidemment quelques problèmes d'accents ! (voir chapitre II, « Les accents »).

— *¿ **Te las** mando ? — Sí ¡ mánda**melas** !* = – Je te les envoie ? – Oui, envoie-les-moi !
— *¿ Cómo **lo** encontrasteis ? — ¡ Buscándo**lo** !* = – Comment l'avez-vous trouvé ? – En le cherchant !
— *Deja de trabajar porque **se** jubila* = – Il arrête de travailler car il prend sa retraite.
— *Deja de trabajar para jubilar**se*** = – Il arrête de travailler pour prendre sa retraite

Dans le cas où la phrase comporte deux verbes dont l'un est conjugué, il y a deux constructions possibles :

Me lo** puedes decir = Puedes decír**melo.
Te las** estoy entregando = Estoy entregándo**telas.

Piège !

L'impératif négatif (interdiction) se construit sans enclise, contrairement à l'impératif affirmatif (ordre).
*¡ Por favor, **dímelo** !*
MAIS : *¡ Por favor, no **me lo** digas !*
*¡ Matricúle**se** en la universidad !*
MAIS : *¡ No **se** matricule en la universidad !*
*¡ Enséña**noslos** !*
MAIS : *¡ No **nos los** enseñes !*

L'enclise entraîne certaines modifications des terminaisons de l'impératif. La première personne du pluriel perd le « s » final du verbe, la deuxième personne du pluriel perd le « d » final de la conjugaison du verbe (voir conjugaison de l'impératif).

Piège !

*¡ Pongamo**s** cuidado !*
MAIS : *¡ Pongám**onos** al trabajo !*
*¡ Levanta**d** la mesa, chicos !*
MAIS : *¡ Levant**aos**, chicos !*

Certaines expressions ne justifient pas une enclise, mais il faut les mémoriser ainsi.

A noter
*Éra**se** una vez...* = Il était une fois...
*Éra**se** que **se** era...* = Il était une fois...
*Díga**se** lo que **se** diga...* = Quoi qu'on dise...
*Hága**se** lo que **se** haga...* = Quoi qu'on fasse...

Partie VIII

Les adverbes

1. Les adverbes en « mente »

Leur formation

Ils se forment avec l'adjectif qualificatif au féminin, auquel on ajoute « *mente* ». Il convient donc d'être très attentif à la forme de l'adjectif ; petit rappel : tous les adjectifs ne font pas leur féminin en « *a* » (voir chapitre IV). Petite astuce : il faut toujours commencer par écrire l'adjectif (au féminin) lorsqu'on veut employer un adverbe.

Adverbes pièges !
Suficientemente : suffisamment *Seriamente* : sérieusement *Desgraciadamente* : malheureusement *Constantemente* : constamment *Igualmente* : également *Recientemente* : récemment *Independientemente* : indépendamment **Continuez la liste de ceux qui vous posent problème :**

S'ils sont plusieurs

Lorsque plusieurs adverbes en « *mente* » se suivent, seul le dernier se termine en « *mente* » ; les autres prennent la forme de l'adjectif qualificatif au féminin.

Piège !
rápida y eficazmente : rapidement et efficacement *discreta y silenciosamente* : discrètement et silencieusement *inútil y desesperadamente* : inutilement et désespérément

Les formes inusitées

Certaines formes en « *mente* » ne s'utilisent pas mais laissent la place à des formes plus courtes. Il s'agit parfois de l'adjectif, mais il est alors au masculin. Parfois aussi, seul un accent dif-

Piège !
Primero : premier ou premièrement *Segundo* : second ou deuxièmement *Rápido* : rapide ou vite, rapidement *Sólo* : seulement

férencie l'adverbe de l'adjectif !

Il n'est pas toujours possible d'ajouter « mente »

Certains adverbes français en « -ment » n'ont pas d'équivalent en « -mente » en espagnol.

Piège !
autrement : *de otro modo, de otra manera* nullement, aucunement : *de ningún modo, de ninguna manera*

2. Les adverbes de lieu

Les plus simples

Donde, dentro, fuera, cerca, lejos ne posent pas de problème particulier. Un seul rappel : *donde* porte un accent lorsqu'il est interrogatif : « *¿ dónde ?* », et les autres sont suivis de *de* s'ils ont un complément : *cerca de mi casa* (voir chapitre III).

Selon l'éloignement

De même que les démonstratifs *este, esta, estos, estas*, les adverbes *aquí, acá* indiquent la proximité : « ici ». Mais *ahí* et *allí*, tout comme *ese, esos, esa, esas* indiquent une distance intermédiaire : « là », et *allá*, tout comme *aquel, aquellos, aquella, aquellas* indiquent l'éloignement : « là-bas ».

Ceux qui se ressemblent

Certains adverbes se ressemblent beaucoup, et pourtant... ils n'ont ni la même signification ni le même emploi !

Piège !		
arriba : **en** haut	MAIS	
abajo : **en** bas		*debajo* : **d**essous
adelante : **en** avant		*delante* : **d**evant
atrás : **en** arrière		*detrás* : **d**errière

Les locutions

Il est bien sûr possible de former certaines locutions en juxtaposant certains adverbes : *aquí abajo, allí debajo*, etc. Mais ce n'est pas toujours le cas :

partout : *por (a, en) todas partes*
nulle part : *por (a,en) ninguna parte*
ailleurs : *por (a, en) otra parte*
n'importe où : *dondequiera*

Piège !
En otoño, las hojas vuelan ***por todas partes*** = En automne, les feuilles volent **partout**. *Las reformas se hacen* ***en todas partes*** *actualmente* = On fait des réformes **partout** en ce moment. *No lo veo, estará* ***en otra parte*** = Je ne le vois pas, il doit être **ailleurs**. *Este camino no va* ***a ninguna parte*** = Ce chemin ne mène **nulle part**.

La préposition employée (*a, en, por*) dépend du verbe qui précède (voir chapitre III). Il faut toujours être très vigilant lorsqu'on utilise ces adverbes.

3. Les adverbes de temps

De jour en jour

PASADO		PRESENTE	FUTURO	
anteayer	*ayer*	***hoy***	*mañana*	*pasado mañana*
sábado	*domingo*	***lunes***	*martes*	*miércoles*
antes		***ahora***	*después*	

Dans la journée

la madrugada	*la mañana*	*el mediodía*	*la tarde*	*la noche*
de madrugada	***temprano***	*a mediodía*	*por la tarde*	***tarde***

Là encore, beaucoup de rigueur sera nécessaire pour éviter certaines confusions, car des expressions très proches n'indiqueront pas le même moment du tout ! Il faut toujours associer les adverbes au temps du verbe. Dans le tableau suivant, notez bien le temps auquel s'associe l'adverbe, et remarquez les liens évidents entre certains (*mañana* ne peut indiquer qu'un futur, *anoche* ne peut indiquer qu'un passé).

Piège !
Mañana *saldremos de viaje* = **Demain**, nous partirons en voyage.
Al día siguiente *salieron de viaje* = **Le lendemain** ils partirent en voyage.
A la mañana siguiente *salieron de viaje* = **Le lendemain matin** ils partirent en voyage.
Esta noche *vamos al cine* = **Ce soir** nous allons au cinéma.
Anoche *fuimos al cine* = **Hier soir** nous sommes allés au cinéma.

A travers les âges

Ces adverbes ne s'emploient que lorsqu'il s'agit de durées longues (*un siglo*...).

PASADO	PRESENTE	FUTURO
Antaño *comían los hombres sin tenedor.* **Autrefois** les hommes mangeaient sans fourchette.	***Hoydía*** *usan el tenedor.* **De nos jours** Ils utilisent la fourchette.	***Dentro de*** *un siglo comerán píldoras.* **Dans un siècle** Ils mangeront des pilules.
A principios del *siglo se inventó el teléfono.* **Au début du** siècle on inventa le téléphone.	***Hoy en día*** *se usa el móvil.* **Aujourd'hui** on utilise le portable.	***A finales del*** *siglo ¿ qué se usará ?* **A la fin du** siècle qu'utilisera-t-on ?

« Ya », « aún » et « todavía »

Lorsqu'il est adverbe de temps (il peut avoir d'autres utilisations), *ya* signifie « déjà ».

Lorsqu'il porte un accent, *aún* est synonyme de *todavía* et signifie « encore » ou « toujours », dans un sens temporel.

Ya *está terminado el recreo* : La récréation est **déjà** finie.

Son las once, y ***aún*** *no ha llegado* : Il est onze heures et il n'est pas **encore** arrivé.

Todavía *crees en los Reyes Magos* : Tu crois **toujours** aux Rois Mages.

Piège !

¡ ***Ya*** *lo sé !* : Je sais **bien.**
¡ ***Ya*** *está !* : Ça y est !
Te doy ***más*** : Je t'en donne **encore**.
Aun *con paciencia no lo logró* : **Même** avec de la patience, il n'y est pas arrivé.
Siempre *se reúne la familia para Navidad* : La famille se réunit **toujours** pour Noël.

Quelques locutions

de ***vez*** *en cuando* : de temps en temps
alguna que otra ***vez*** : de temps à autre
a ***veces*** : parfois
algunas ***veces*** : quelques fois
muchas ***veces*** : souvent
raras ***veces*** : rarement
pocas ***veces*** : rarement

cuanto ***antes*** : le plus tôt possible
lo ***antes*** *posible* : au plus tôt

a menudo : souvent

en *seguida* : tout de suite
en *adelante* : désormais

de *aquí en adelante* : dorénavant
de *ahora en adelante* : dorénavant
de *allí en adelante* : à partir de ce moment-là
de *repente* : tout à coup
de *pronto* : soudain
de *súbito* : subitement

4. Les adverbes de manière

Ils ne posent pas de problèmes particuliers. Il faut simplement noter les quelques pièges suivants.

Piège !

• ***Bien*** est adverbe donc il est invariable ; *bueno* est adjectif donc il s'accorde.
En verano, siempre estoy ***bien*** = En été, je vais toujours bien.
Vete a ver esta película, es ***buena*** = Va voir ce film, il est bien (bon).
El bien est un nom et peut se mettre au pluriel.
Lo hago por tu ***bien*** = Je le fais pour ton bien.
Son numerosos ***los bienes*** *de consumo* = Les biens de consommation sont nombreux.
• ***Mal*** est adverbe donc il est invariable, *malo* est adjectif donc il s'accorde ; attention il s'apocope devant un nom masculin singulier et devient alors « mal ».
Estos periodistas escriben ***mal*** = Ces journalistes écrivent mal.
Estos periódicos me parecen ***malos*** = Ces journaux me semblent mauvais.
Se lo llevó un ***mal*** *viento* = Un mauvais vent l'a emporté.
El mal est un nom.
Cabe distinguir el bien ***del mal*** = Il convient de distinguer le bien et le mal.
• ***Así*** signifie « ainsi », « comme cela »
Si estudias ***así*** *aprobarás los exámenes* = Si tu étudies comme cela, tu seras reçu.
Un libro ***así*** *es muy interesante* = Un livre comme celui-ci est très intéressant.
Me regaló un diamante ***así*** *de gordo* = Il m'a offert un diamant gros comme ça.

Il existe de très nombreuses locutions, dont voici seulement quelques exemples :

de *buena gana* : volontiers
de *mala gana* : à contre-cœur
de *veras* : vraiment
de *prisa* : à la hâte
de *antemano* : à l'avance
de *paso* : en passant
de *pie* : debout
de *rodillas* : à genoux

por *casualidad* : par hasard
por *descuido* : par mégarde
con *gusto* : volontiers

Continuez la liste au fur et à mesure des rencontres :

5. Les adverbes de quantité

Adverbes ou adjectifs ?

Un adverbe ne s'accorde jamais, il reste toujours invariable. Les adverbes *poco, mucho, bastante, demasiado, tanto, cuanto*, suivent bien sûr cette règle, mais placés devant des noms ils sont adjectifs, et s'accordent alors.

Piège !
La empresa comunica resultados ***poco*** *alentadores* = L'entreprise communique des résultats **peu** encourageants. *La empresa comunica* ***pocos*** *resultados* = L'entreprise communique **peu** de résultats. *No podemos salir, trabajamos* ***mucho*** = Nous ne pouvons pas sortir, nous travaillons **beaucoup.** *Tengo* ***muchos*** *informes que redactar* = J'ai **beaucoup** de rapports à rédiger *Las vacaciones no son* ***bastante*** *largas* = Les vacances ne sont pas **assez** longues. *No veo* ***bastantes*** *películas en español* = Je ne vois pas **assez** de films en espagnol. *¡ Chicos, gritáis* ***demasiado*** *!* = Les enfants, vous criez **trop** ! *El mercado conoce* ***demasiadas*** *dificultades* = Le marché connaît **trop** de difficultés.

Ils s'apocopent

Tanto et cuanto deviennent *tan* et *cuan* devant les adjectifs et les adverbes. On peut donc les trouver sous trois formes différentes : *tanto, cuanto* (invariables), *tanto-a-os-as, cuanto-a-os-as* (accordés devant le nom), *tan, cuan* (invariables devant l'adjectif et l'adverbe).

Piège !
Viajó ***tanto*** *que conoce el mundo entero* = Il a tant voyagé qu'il connait le monde entier. *Hizo* ***tantos*** *viajes que conoce el mundo entero* = Il a fait tant de voyages qu'il connait le monde entier. *Hizo viajes* ***tan*** *numerosos que conoce el mundo entero* = Il a fait de si nombreux voyages qu'il connait le monde entier. ¡ ***Cuánto*** *te echo de menos* ! = Combien tu me manques ! ¡ ***Cuántas*** *veces pienso en ti !* = Combien de fois je pense à toi ! ¡ ***Cuán*** *difícil resulta esperar !* = Combien il est difficile d'attendre !

« Muy » et « más »

Pour éviter les confusions, il faut se souvenir que *muy* sert à évaluer, et *más* sert à comparer.

Estoy leyendo una novela ***muy*** *interesante* : Je lis un roman très intéressant.

Pienso que la mía es ***más*** *interesante* : Je pense que le mien est plus intéressant.

La mía es ***más*** *interesante* ***que*** *la tuya* : Le mien est plus intéressant que le tien.

La mía es ***más*** *interesante* ***de lo que*** *pensaba* : Le mien est plus intéressant que je ne le pensais.

Piège !

Más n'est suivi de *de* que devant une expression qui exprime la quantité.
Por favor, quisiera tener ***más*** *carne* = S'il vous plaît, je voudrais **plus de** viande.
Necesito una hora ***más*** *para acabar* = J'ai besoin d'une heure **de plus** pour finir.
Conozco ***más de*** *quinientas palabras* = Je connais **plus de** cinq cent mots.
Me quedé durante ***más de*** *una hora* = Je suis restée **plus d'une** heure.
Il en est de même pour *menos.*

Petit rappel : *mas*, sans accent, signifie « mais » ; rien à voir avec *más* !

Quelques locutions

cada vez más : de plus en plus
cada vez menos : de moins en moins
cuando más : tout au plus
cuando menos : tout au moins
más o menos : plus ou moins
poco a poco : peu à peu, petit à petit
poco más o menos : environ
un poco de : un peu de
algo de : un peu de
nada de : pas du tout
apenas : à peine

Continuez la liste au fur et à mesure des rencontres :

6. Affirmation, négation, doute

Affirmation

Sí, por cierto, de seguro permettent de répondre affirmativement. Il faut bien sûr noter l'accent sur le « í » de *sí*, qui le différencie du *si* de la supposition.

Certaines expressions doivent également attirer l'attention ; elles servent à insister sur l'affirmation : il s'agit de *¿ Cómo no ?, claro que sí* (bien sûr que oui), *sí que* (mais oui, mais si).

Il faut noter également qu'il n'y a pas de différence en espagnol entre « oui » et « si ».

Piège !

¿ Me puedes decir la verdad ? : Peux-tu me dire la vérité ?
***Sí**, te la digo* = **Oui**, je te la dis.
***Si** te la digo, me prometes callar* = **Si** je te la dis, tu me promets de te taire.
***Sí que** te la digo* = **Mais oui** je te la dis.
*¿ **Cómo no** ? Te la digo en seguida* = **Bien sûr que oui**, je te la dis tout de suite.
***Claro que sí**, te la digo en seguida* = **Bien sûr que oui**, je te la dis tout de suite.
¿ No me lo cuentas ? = Tu ne me le racontes pas ?
***Sí**, te lo cuento* = **Si**, je te le raconte.
***Si** te lo cuento, no lo repites* = **Si** je te le raconte, tu ne le répètes pas.
***Sí que** te lo cuento* = **Mais si**, je te le raconte.
*¿ **Cómo no** ? Te lo cuento ahora mismo* = **Bien sûr que si**, je te le raconte tout de suite.
***Claro que sí**, te lo cuento ahora mismo* = **Bien sûr que si**, je te le raconte tout de suite.

Négation

No, de ninguna manera, de ningún modo (= en aucune façon), *ni mucho menos* (= loin de là) servent à exprimer la négation. Attention à la ponctuation car *no* sert également à construire tout simplement la phrase négative. Il peut être nécessaire de le répéter deux fois dans certaines constructions.

Piège !
¿ Vienes conmigo al cine ? :Viens-tu avec moi au cinéma ? *No :* Non. *No voy :* Je n'y vais pas. *No, no voy :* Non, je n'y vais pas. *¡ De ningún modo ! :* Sûrement pas !

Voir le chapitre IX sur la construction de la phrase négative pour compléter les connaissances sur ce sujet. Cette construction présente certaines difficultés à ne pas négliger ! Dans ce chapitre seront évoqués les emplois de *ni, ni siquiera, no sólo*.

Doute

Quizá, quizás, tal vez, acaso expriment tous le doute (« peut-être »), ainsi que la locution adverbiale *a lo mejor*. Ils ne posent pas de problème spécifique hormis celui de la concordance de temps à employer ; cet aspect est étudié dans le chapitre sur la concordance des temps.

Piège !
si acaso : si par hasard ***Si acaso*** *le encuentras, dile que le espero* = **Si par hasard** tu le rencontres, dis-lui que je l'attends. *por si acaso :* au cas où *Toma mi reloj,* ***por si acaso...*** = Prends ma montre, **au cas où**...

Chapitre IX

Les phrases négatives, exclamatives et interrogatives

1. La phrase négative

La construction simple : « no »

No suffit à construire la phrase négative, il se place devant le verbe, dont il ne peut être séparé que par un pronom personnel réfléchi ou complément.

***No** conozco las estadísticas* : Je **ne** connais **pas** les statistiques.

*El estudiante **no** conoce las estadísticas* : L'étudiant **ne** connaît **pas** les statistiques.

***No** se acuerda de las estadísticas* : Il **ne** se souvient **pas** des statistiques.

*Las estadísticas, **no** las conozco* : Les statistiques, je **ne** les connais **pas**.

L'emploi de « ni »

L'énumération dans la phrase négative implique l'emploi de *ni*. Deux constructions de phrase sont alors possibles : si l'énumération avec *ni* est placée devant le verbe, *ni* suffit à le rendre négatif, mais si l'énumération est placée après le verbe, celui-ci est précédé de *no*.

***Ni** tú ni yo somos capaces de hacerlo* : **Ni** toi **ni** moi, nous **ne** sommes capables de le faire.

***No** bebo leche ni té : Je **ne** bois **ni** du lait **ni** du thé.

Piège !
*¿ Me das el papel **y** el bolígrafo ?* = Tu me donnes le papier **et** le stylo ? *Ni papel ni bolígrafo puedo darte* = Je ne peux te donner **ni** papier **ni** stylo. *No tengo papel ni bolígrafo* = Je n'ai **ni** papier **ni** stylo.

« *Ni siquiera* »

De même qu'avec *ni*, la phrase négative avec *ni siquiera*, (= même pas) peut se construire de deux façons différentes : *ni siquiera* devant le verbe, ou *no* + verbe + *siquiera*. On trouve également *ni* devant le verbe, dans le sens de *ni siquiera*.

***Ni siquiera** tuve el tiempo de descansar* = Je n'ai même pas eu le temps de me reposer.

***No** tuve siquiera el tiempo de descansar* = Je n'ai même pas eu le temps de me reposer.

***Ni** tuve el tiempo de descansar* = Je n'ai même pas eu le temps de me reposer.

***No** nos atrevíamos ni a mencionarla* = Nous n'osions même pas la nommer.

(M. Mayoral - CCIP 2000)

Piège !
¡ ***Ni** hablar !* = Pas question !
***Ni** que decir tiene...* = Inutile de dire...
***Ni** uno ni otro* = Ni l'un ni l'autre
¡ ***Ni que** fuera tonto !* = Comme s'il était bête !

Les mots négatifs

Il est obligatoire d'employer les mots négatifs : *nunca, nadie, nada, ninguno-a-os-as, tampoco* dans une phrase négative. Là encore, deux constructions de phrase possibles : mot négatif + verbe, ou *no* + verbe + mot négatif.

***Nunca** me acuerdo de su cumpleaños* = Je ne me souviens jamais de son anniversaire.

***No** me acuerdo **nunca** de su cumpleaños* = Je ne me souviens jamais de son anniversaire.

***Nadie** logra conseguirlo* = Personne n'arrive à l'obtenir.

***No** logra **nadie** conseguirlo* = Personne n'arrive à l'obtenir.

***Nada** puede consolarla* = Rien ne peut la consoler.

No** la puede consolar **nada = Rien ne peut le consoler.

Ninguno *cabe en la caja* = Aucun ne tient dans la boîte.

***No** cabe **ninguno** en la caja* = Aucun ne tient dans la boîte.

***Tampoco** me interesa este asunto* = Cette affaire ne m'intéresse pas non plus.

No** me interesa este asunto **tampoco = Cette affaire ne m'intéresse pas non plus.

Piège !

¿ Tú no vas a la oficina ? = Tu ne vas pas au bureau ?
*¡ Pues yo **tampoco** voy !* = Eh bien, moi je n'y vais pas non plus !
*¿ Quieres comprar **algunas** ?* = Tu veux en acheter quelques-unes ?
*No, **no** quiero comprar **ningunas*** = Non, je ne veux en acheter aucune.

Attention !

Il existe une autre façon d'employer la négation pour exprimer l'idée de *ninguno* !
***No** se produce ningún **cambio**.*
***Ningún cambio** se produce.*
***No** se produce **cambio alguno**.*

« Ne... que »

Plusieurs possibilités pour exprimer cette tournure.

Sólo

Sólo *vamos de vacaciones en verano* = Nous **n**'allons en vacances **que** l'été.

No... más que

En Junio ***no*** *hacemos* ***más que*** *estudiar* = En juin, nous **ne** faisons **qu**'étudier.

No... sino

No *lo recordé* ***sino*** *repitiéndolo cada día* = Je **ne** l'ai retenu **qu**'en le répétant chaque jour.

« Ne... plus »

C'est l'un des emplois de *ya*, (il est signalé au chapitre VIII qu'il en a plusieurs tous très différents).

La phrase peut se construire de deux façons : *ya no* + verbe, ou *no* + verbe + *ya*.

Ya no *vendrá hoy* = Il ne viendra plus aujourd'hui.

No *aceptará* ***ya*** *ayudarte* = Il n'acceptera plus de t'aider.

Il est également possible d'employer *más* lorsqu'il s'agit d'une quantité :

No *como* ***más*** *pastel, aunque está muy rico* = Je ne mange plus de gâteau, même s'il est très bon.

Attention, dans ce cas aussi le mot négatif placé devant le verbe suffit à le mettre à la forme négative.

Piège !
Ya nunca *confiaré en ti* = Je n'aurai plus jamais confiance en toi. ***Nadie*** *quiere* ***ya*** *considerarlo* = Personne ne veut plus l'envisager. ***No*** *como* ***ningún*** *pastel* ***más*** = Je ne mange plus aucun gâteau.

« Non seulement… mais encore »

Dans le cas où la phrase est négative, l'emploi de *sino* est obligatoire :

No *queremos fracasos sino éxitos* = Nous ne voulons pas d 'échecs mais des succès.

Conocen ***no sólo*** *España* ***sino también*** *Perú* = Ils ne connaissent pas seulement l'Espagne mais aussi le Pérou.

No sólo *estudian el español* ***sino además*** *el inglés y el alemán* = Ils étudient non seulement l'espagnol, mais encore l'anglais et l'allemand.

Attention, lorsque *sino* porte sur un verbe, il est suivi de ***que***.

Piège !
A los cinco años, ***no sólo*** *sabía nadar* ***sino que*** *también sabía esquiar* = A cinq ans, il ne savait pas seulement nager, il savait aussi skier. *En mi casa,* ***no sólo*** *madrugan los chicos* ***sino que*** *además gritan* = Chez moi, non seulement les enfants se lèvent de bonne heure, mais en plus ils crient.

« Pas » + participe passé

En espagnol, il est nécessaire d'employer *sin* + infinitif

La casa quedaba todavía ***sin vender*** = La maison n'était pas encore vendue.

Piège !
Si la phrase est affirmative « à vendre » se traduira par « *para vender* » *Se terminaba el mercado y quedaban muchos productos* ***para vender***.

2. La phrase exclamative

La ponctuation

Toute phrase exclamative commence par un point d'exclamation à l'envers « ¡ », qu'elle soit une exclamation directe ou indirecte. Celui-ci permet de savoir dès le début de la phrase qu'elle sera exclamative, et constitue un rappel : tout pronom exclamatif est accentué. La phrase se termine par un point d'exclamation « ! ».

L'exclamation porte sur un verbe

Elle exprimera alors soit la manière, soit la quantité, et se traduira respectivement par « *¡ cómo !* » et « *¡ cuánto !* » qui sont alors invariables.

*¡ **Cómo** cantaban los pájaros !* = Comme les oiseaux chantaient !

*¡ **Cuánto** añoramos nuestra tierra !* = Combien notre pays nous manque !
Comme notre pays nous manque !

*¡ **Cuánto** nevó !* = Qu'il a neigé !

Piège !
*¡ **Cuánto** tardas en venir !* = **Combien** tu tardes à venir ! *¡ **Cuánto** brilla el sol !* = **Que** le soleil brille ! *¡ **Cuánto** nos embriaga este perfume !* = **Comme** ce parfum nous enivre !

L'exclamation porte sur un nom

Si elle exprime la quantité, elle se traduira aussi par *¡ cuánto !* mais cette fois, il s'accordera avec le nom : *¡ cuánto !*, *¡ cuánta !*, *¡ cuántos !*, *¡ cuántas !* ; il doit précéder immédiatement le nom sur lequel il porte.

*¡ **Cuánto** poder tiene el dictador !* = Quel pouvoir a le dictateur !

*¡ **Cuánta** paciencia tiene el profesor !* = Quelle patience a le professeur !

*¡ **Cuántos** problemas tiene el ciego !* = Combien de problèmes a l'aveugle !

*¡ **Cuántas** dificultades tiene el emigrado !* = Combien de difficultés l'émigré a-t-il !

Dans les autres cas, elle se traduira par *¡ qué !* ou encore *¡ vaya !* ; tous deux invariables et suivis directement du nom sur lequel ils portent.

*¡ **Qué** sociedad de consumo !* = Quelle société de consommation !

*¡ **Qué** ocios !* = Quels loisirs !

*¡ **Vaya** paisaje !* = Quel paysage !

*¡ **Vaya** cambios !* = Quels changements !

L'exclamation porte sur un adjectif

Si elle traduit la quantité : *¡ cuán !* invariable précèdera directement l'adjectif.

*¡ **Cuán** rara me parece esta novela !* = Comme ce roman me semble étrange !

*¡ **Cuán** penosos resultan estos momentos !* = Que ces moments sont difficiles !

Dans les autres cas : *¡ qué !* invariable précèdera l'adjectif.

¡ ***Qué*** *extraño !* = Comme c'est étrange !
¡ ***Qué*** *increíbles !* = Qu'ils sont incroyables !
¡ ***Qué*** *buen chico !* = Quel brave garçon !

Si l'exclamation veut insister sur l'adjectif, *qué* est renforcé par *tan* ou *más*.

¡ ***Qué*** *chico* **tan** *elegante !* = Quel garçon élégant !
¡ ***Qué*** *chicas* **tan** *guapas !* = Quelles jolies filles !
¡ ***Qué*** *historias* ***más*** *increíbles !* = Quelles histoires incroyables !
¡ ***Qué*** *invierno* ***más*** *frío !* = Quel hiver froid !

Attention l'exclamation ne porte pas toujours sur le même terme en français et en espagnol car les expressions se construisent parfois différemment !

Piège !
¡ ***Qué prisa*** *te das !* = Comme tu te dépêches !
¡ ***Qué prisa*** *tienes !* = Que tu es pressé !
¡ ***Cuánta sed*** *tenías !* = Que tu avais soif !
¡ ***Cuánta piedad*** *me da !* = Qu'il me fait pitié !

L'exclamation indirecte

Certains verbes introduisent une exclamation indirecte (*ver, saber, mirar, escuchar*...) ; ils nécessitent la ponctuation de la phrase exclamative, et la présence du pronom exclamatif accentué.

*¡ Mira, **qué** divertido es el dibujo animado !* = Regarde comme le dessin animé est amusant !

*¡ No sabes **cuánto** dinero gasté ayer !* = Tu ne peux savoir combien j'ai dépensé hier !

*¡ Si viera usted **cuán** lindo es !* = Si vous voyiez comme c'est joli !

Piège !
*¡ **Quién** lo dijera !* = Qui l'eût dit ! *¡ **Que** vengas* ! = Viens ! (Je veux que tu viennes !)

3. La phrase interrogative

La ponctuation

La phrase interrogative commence obligatoirement par un point d'interrogation à l'envers « ¿ », qu'il s'agisse d'une interrogation directe ou indirecte. Ce point d'interrogation sert à annoncer que la phrase est interrogative (d'autant plus que l'inversion du sujet et du verbe n'est pas réservée à la phrase interrogative) ; il constitue également un rappel : le pronom interrogatif est accentué (que l'interrogation soit directe ou indirecte).

La phrase interrogative simple

La construction simple d'une phrase interrogative consiste à inverser sujet et verbe en veillant à ne pas oublier la ponctuation car cette inversion se fait également de façon courante dans la phrase affirmative. Dans **toutes** les phrases interrogatives, l'**inversion du sujet et du verbe est obligatoire.**

Piège !
¿ Vienen muchos turistas a visitar nuestro país ? = Est-ce que beaucoup de touristes viennent visiter notre pays ? Beaucoup de touristes viennent-ils visiter notre pays ? *Vienen muchos turistas a visitar nuestro país* = Beaucoup de touristes viennent visiter notre pays.

L'interrogation porte sur le verbe

Elle est introduite par : *¿ **qué** ?, ¿ **quién** ? (¿ **quiénes** ?), ¿ **cuál** ? (¿ **cuáles** ?), ¿ **cuándo** ?, ¿ **cuánto** ? (¿ **cuántos** ?, ¿ **cuánta** ?, ¿ **cuántas** ?), ¿ **cómo** ?, ¿ **dónde** ?*, qui peuvent être précédés d'une préposition : *¿ a **qué** ?,¿ por **qué** ?, ¿ para **qué** ?, ¿ hasta **cuándo** ?*, etc.

Ces mots interrogatifs sont suivis directement du verbe, puis du sujet, si nécessaire.

***¿ Qué** conseguiste gracias a la entrevista ?* = Qu'as-tu obtenu grâce à l'entrevue ?

***¿ Quién** se matriculó en la universidad ?* = Qui s'est inscrit à l'université ?

***¿ Cuáles son** vuestras opiniones ?* = Quelles sont vos opinions ?

***¿ Cuándo** podéis entregármelo ?* = Quand pouvez-vous me le remettre ?

***¿ Cuánto** vale ?* = Combien cela coûte-t-il ?

***¿ Cómo** lo sabes ?* = Comment le sais-tu ?

***¿ Dónde** se esconde ?* = Où se cache-t-il ?

*¿ Por **qué** no aceptas ?* = Pourquoi n'acceptes-tu pas ?

*¿ Hasta **cuándo** te quedas ?* = Jusqu'à quand restes-tu ?

***¿ Adónde** vas ?* = Où vas-tu ?

***¿ A cuánto** lo estimas ?* = A combien l'estimes-tu ?

Piège !

*Me pides discos de flamenco : ¿ **cuántos** quieres ?* = Tu me demandes des disques de flamenco : **combien** en veux-tu ?
*Me pides postales de Granada : ¿ **cuántas** quieres ?* = Tu me demandes des cartes postales de Grenade : **combien** en veux-tu ?

L'interrogation porte sur le nom

¿ Qué ? et *¿ cuánto ? (¿ cuántos ?, ¿ cuánta ?, ¿ cuántas ?)* peuvent se placer devant le nom et faire porter l'interrogation sur lui.

*¿ **Qué** empresas conocéis en Perú ?* = Quelles entreprises connaissez-vous au Pérou ?

*¿ **Qué** edad tienen ?* = Quel âge ont-ils ?

*¿ **Cuánto** dinero necesitas ?* = De combien d'argent as-tu besoin ?

*¿ **Cuánta** harina pones en el pastel ?* = Combien de farine mets-tu dans le gâteau ?

*¿ **Cuántos** kilómetros recorres ?* = Combien de kilomètres parcours-tu ?

*¿ **Cuántas** hermanas tiene este chico ?* = Combien de sœurs a ce garçon ?

Attention : *qué* reste toujours invariable, alors que *cuánto* s'accorde avec le nom.

Piège !
*¿ **Cuál** es tu edad ?* = **Quel** est ton âge ? *¿ **Qué** edad tienes ?* = **Quel** âge as-tu ? *¿ **Cuáles** son tus cualidades ?* = **Quelles** sont tes qualités ? *¿ **Qué** cualidades tienes ?* = **Quelles** qualités as-tu ?

L'interrogation indirecte

Certains verbes introduisent une interrogation indirecte (*preguntar, preguntarse, saber, decir*...) ; le mot interrogatif doit toujours être accentué. Ce sont toujours des pièges car il faut reconnaître le sens interrogatif sans la ponctuation.

No sabía a ***qué*** *santo encomendarse* = Il ne savait à quel saint se vouer.

Me pregunto ***quién*** *lo sabrá* = Je me demande qui peut bien le savoir.

No sabía ***dónde*** *se hallaba* = Je ne savais pas où il se trouvait.

Tu abuela pregunta ***cuándo*** *vienes* = Ta grand-mère demande quand tu viens.

Dime con ***quién*** *andas, y te diré* ***quién*** *eres* = Dis-moi qui tu hantes et je te dirai qui tu es.

Quiero saber por ***qué*** *lo hiciste* = Je veux savoir pourquoi tu l'as fait.

Piège !
el ***porqué*** *de las cosas* : le pourquoi des choses *el* ***qué*** *dirán* : le qu'en dira-t-on ***cuál*** *más* ***cuál*** *menos* : plus ou moins, à des degrés différents *a* ***cuál*** *más* : à qui mieux mieux **Complétez votre liste :**

Récapitulons

– *¿ Has visto ya las cotovías ?*
– *¿* ***Quién*** *es este galopín ?*
–Paco, para servir a Dios y a Su ilustrísima.
–¿ ***Qué*** *quieres ser tú en la vida ? ¿ Cura ?*
– No, Señor.
– ¿ General ?
– ***No****, señor,* ***tampoco****.* (R.Sender, *Réquiem por un campesino español*)

– Un día de éstos me voy - le dijo Fermín
– ¿ ***Adónde*** *?*
– Por ahora , a Bélgica; luego, ya veré. ***No*** *pienso estar aquí ; probablemente* ***no*** *volveré.*
– ¿ No ?
– No. Aquí ***no*** *se puede hacer* ***nada****...* (Pío Baroja, *El árbol de la ciencia*)

Consuelo ***no*** *manifestó* ***ninguna*** *emoción...* ***No*** *lo dijo* ***ni siquiera*** *cuando empezó a crecerle la barriga,* ***ni*** *cuando la llamó el Profesor Jones...*
– Se llamará Eva...
– ¿ ***Qué*** *apellido ?*
– ***Ninguno****, el apellido* ***no*** *es importante.* (Isabel Allende, *Eva Luna*)
¡ ***Qué*** *alas más pequeñas las mías en este aletazo tremendo ! ¡* ***Qué*** *grande es el mundo frente a mi garganta abatida !... ¡* ***Qué*** *larga corrida de eucaliptus miedosos, negros y miedosos !* (Pablo Neruda, *Para nacer he nacido*)

Chapitre X

Les chiffres

1. Compter

Jusqu'à 9

Rappel

Uno, dos, tres, cuatro, cinco, seis, siete, ocho, nueve

Aucun accord ni en genre, ni en nombre de *dos, tres, cuatro, cinco, seis, siete, ocho, nueve*, évidemment !

Attention à *uno* qui subit quelques modifications selon son emploi :

- *uno* s'emploie uniquement lorsqu'il n'est pas suivi d'un nom ;
- *un* remplace *uno* devant un nom masculin ;
- *una* remplace *uno* si le nom est féminin ;
- *unos* signifie « quelques ».

Piège !

En la familia somos ***cuatro*** *hermanos.*
Aprobaron ***ocho*** *candidatos.*
Tengo muchos libros que leer pero me interesa particularmente ***uno****.*
uno *y cuatro son cinco.*
uno *por cuatro son cuatro.*
Estoy leyendo ***un*** *libro muy interesante.*
En el aula caben cuarenta y ***un*** *chicos.*
Nos ofrecen varias oportunidades de trabajo pero elegiremos ***una*** *y nada más.*
Escribí un informe de cincuenta y ***una*** *páginas.*

A noter

Ambos et *sendos* signifient « deux » :

- « *ambos* » = les deux ensemble ;

• « *sendos* » = les deux séparément.

***Ambos** autores recibieron un premio por **sendos** libros.*

Los dos autores (juntos) recibieron un premio por sus dos libros (cada uno el suyo)

Jusqu'à 99

Rappel

Diez, once, doce, trece, catorce, quince, veinte, treinta, cuarenta, cincuenta, sesenta, setenta, ochenta, noventa

Aucun accord ni en genre, ni en nombre..., c'est évident !

On relie les unités aux dizaines par « y », ce qui entraîne certaines modifications de *diez* et *veinte* :

- *diez y nueve* peut aussi s'écrire « diecinueve »... ;
- *veinte y cuatro* peut aussi s'écrire « veinticuatro »...

Attention ces modifications peuvent impliquer un accent écrit !

Piège !
*Los estudiantes que participan en el proyecto son diecis**é**is.*
*¿ Cuántos años tienes ? - veintid**ó**s.*
*Hoy es domingo veintis**é**is de junio.*
*Conozco veinti**una** poesías de Federico García Lorca.*
*Hay veinti**ú**n alumnos en la clase.*
*El expediente tiene veintitr**é**s páginas.*

On emploie peu les collectifs : *docena, treintena*..., sauf dans le cas de :

- *una **docena** de huevos ;*
- *una **quincena** de días ;*
- *una **cuarentena** de años.*

Dans ce dernier cas, on peut aussi employer l'adjectif : *cuarentón...*

*El hombre tenía una **cuarentena** de años = el hombre era **cuarentón***

Jusqu'à 999

Rappel

*Ciento, doscientos, trescientos, cuatrocientos, **quinientos**, seiscientos, **sete**cientos, ochocientos, **nove**cientos.*

On accorde les centaines au féminin : *doscientas películas*

Attention à *ciento* :

- il devient *cien* devant un nom ;
- il reste *ciento* devant un nombre inférieur à cent ;
- il devient *cien* devant un nombre supérieur à cent ;
- il ne s'accorde pas au féminin.

Piège !
*Diez por diez son **ciento**.* ***Ciento** cuarenta y dos personas firmaron la petición.* ***Quinientas** personas firmaron la petición.* ***Cien** mil manifestantes desfilaron por las calles.* ***Cien** animales viven en el parque zoológico.* ***Cien** flores crecen en el jardín.*

Les unités suivent directement les centaines, sans y être reliées par « *y* » qui ne se place qu'après les dizaines.

206 : *doscientos seis*

607 : *seiscientos siete*

504 : *quinientos cuatro*

Piège !

La producción es de ***setecientos cuarenta y tres*** *coches al día.*
La producción es de ***setecientos tres*** *coches al día.*
Hay un error en la página ***ciento cincuenta y nueve****.*
Hay un error en la página ***ciento nueve****.*

Au-delà...

Rappel

Mil, un millón, mil millones, un billón

Mil ne s'accorde pas : *dos mil, tres mil...*

Miles s'emploie suivi de *de* devant un nom pour exprimer un nombre collectif.

Millón s'accorde : *dos millones, cuatro millones...*

Millón s'emploie suivi de *de* devant un nom.

Tous sont suivis directement des unités.

1008 : *mil ocho*
3014 : *tres mil catorce*
7002 : *siete mil dos*

Piège !

Cinco mil *emigrantes llegaron a España.*
Miles de *emigrantes llegaron a España.*
Tres millones de *turistas visitaron América.*
Tres mil millones de *toneladas constituyen nuestra producción.*
Estamos en ***dos mil uno****.*

2. Différents emplois des chiffres

Les ordinaux

Seuls les dix ou douze premiers s'emploient, les autres sont remplacés par les nombres cardinaux.

Rappel

Primero, segundo, tercero, cuarto, quinto, sexto, séptimo, octavo, noveno, décimo, undécimo, duodécimo.

Ils s'accordent en genre et en nombre. *Primero* et *tercero* s'apocopent en *primer* et *tercer* devant un nom masculin singulier.

Piège !
El artículo consta de tres párrafos : el ***primero*** *presenta el tema, el* ***tercero*** *concluye.* *El* ***primer*** *párrafo del artículo es más largo que el* ***tercer*** *párrafo.* *La* ***quinta*** *avenida* *El* ***séptimo*** *arte* *La* ***octava*** *maravilla del mundo*
On utilise les ordinaux pour qualifier les reines et les rois :
Carlos V : Carlos **quinto** Felipe II : Felipe **segundo** Isabel II : Isabel **segunda** Fernando VII : Fernando **séptimo**
On ne les utilise pas pour les siècles :
El siglo XIX : el siglo ***diecinueve*** *El siglo XXI : el siglo* ***veintiuno***

L'heure

Pour indiquer l'heure, on emploie *la, las (la hora)* devant le nombre, qui reste bien sûr invariable.

*Es **la una**.*

*Es **la una** menos cinco.*

*Son **las cuatro**.*

*Es **la una y veinticinco**.*

*Son **las seis y diez**.*

Las trece, catorce, quince... s'emploient surtout pour les horaires officiels (trains, avions...). On emploie plus simplement *de la mañana, de la tarde, de la noche* pour préciser le moment.

*A **las cinco de la tarde...***

*A **las doce de la noche...***

L'âge

Pour indiquer l'âge, on emploie le verbe *tener* suivi du nombre d'années, ou *los* devant le nombre d'années (*los años*) pour situer le moment.

*Tenía **veinte** años cuando se fue a vivir en Argentina.*

*A los **veinte** años, se fue a vivir en Argentina.*

La date

Il faut employer *de* entre le chiffre et le mois, et entre le mois et l'année.

*Lunes **veinte de** marzo de dos mil.*

*Hoy es el **treinta de** octubre de mil novecientos noventa y ocho.*

Attention : il ne faut jamais accorder le chiffre !

Piège !
*Todos los **treinta** del mes, cobra el salario.* *En los años **sesenta** España vivía bajo la dictadura de Franco.* *Los años **ochenta** fueron los de la Movida.*

Quelques dates clés

711 : *setecientos once*
1212 : *mil doscientos doce*
1492 : *mil cuatrocientos noventa y dos*
1898 : *mil ochocientos noventa y ocho*
1936 : *mil novecientos treinta y seis*
1939 : *mil novecientos treinta y nueve*
1975 : *mil novecientos setenta y cinco*
1986 : *mil novecientos ochenta y seis*
1992 : *mil novecientos noventa y dos*
2000 : *dos mil*
2002 : *dos mil dos*

Notez les dates importantes en Espagne et dans les pays latino américains :

Fractions et pourcentages

Medio s'accorde au féminin : ***medio** pollo, **medio** kilo...*
***media** docena de huevos, **media** hora...*
*Un tercio = la tercera parte : **un tercio de** los habitantes*
***la tercera parte de** los habitantes*
*Un cuarto = la cuarta parte : **un cuarto de** hora*
***la cuarta parte** de los alumnos*
La quinta parte, la sexta parte ...

La fraction arithmétique s'exprime ainsi : 3/4 = *tres cuartos* ; 5/8 = *cinco octavos*

Piège !
***Uno de cada tres** habitantes* = un habitant sur trois ***Tres de cada diez** extranjeros* = un étranger sur dix

Les pourcentages s'expriment avec le nombre cardinal, suivi de *por*, puis *ciento* qui reste invariable.

Attention, les pourcentages s'expriment toujours avec un article : *el* s'il s'agit d'un pourcentage précis, *un* s'il s'agit d'un pourcentage approximatif.

Piège !
el diez por ciento** de la población* = dix pour cent de la population ***un cuarenta por ciento** de la producción* = environ quarante pour cent de la production ***ciento por ciento** ou **cien por cien = cent pour cent

Chapitre XI

La comparaison

1. Plus

« *Plus de* »

Si « plus de » porte sur un nom, il se traduit tout simplement par *más*.

*En Mayo, tengo **más** trabajo* = En Mai, j'ai **plus de** travail.

*Ayer, conseguí **más** informaciones* = Hier, j'ai obtenu **plus d**'informations.

Si « plus de » porte sur une quantité, il se traduit par *más de*.

***Más de** cinco mil personas desfilaron* = **Plus de** cinq mille personnes ont défilé.

*Este chico comió **más de** medio pollo* = Ce garçon a mangé **plus d**'un demi-poulet.

Piège !
*¡ Conoce **más de** un chiste !* = Il connait **plus d**'une plaisanterie ! *¡ Cantó **más de** una ópera !* = Elle a chanté **plus d**'un opéra ! Dans ce cas *un, una* sont considérés dans leur valeur numérique et non comme articles.

« *Plus... que* »

Si « plus... que » porte sur un adjectif, il se traduit par *más... que*.

*Este libro es **más** interesante **que** el otro* = Ce livre est **plus** intéressant **que** l'autre.

Si « plus... que » porte sur un nom, il se traduit par *más... que*.

Chile produce ***más*** *cobre* ***que*** *Francia* = Le Chili produit **plus de** cuivre **que** la France.

Me atrae ***más*** *el oro* ***que*** *la plata* = L'or m'attire **plus que** l'argent.

Si « plus... que » porte sur une proposition, il se traduit par *más... de lo que*.

Este libro es ***más*** *interesante* ***de lo que*** *pensaba* = Ce livre est **plus** intéressant **que** je ne le pensais.

Attention ! Si la comparaison porte sur un nom : *más...* ***del*** *que, más de* ***la*** *que, más de* ***los*** *que, más de* ***las*** *que*, suivant le genre et le nombre du nom.

Este examen exige ***más*** *conocimientos* ***de los que*** *tengo* = Cet examen exige **plus** de connaissances **que** je n'en ai.

Este trabajo presenta ***más*** *dificultades* ***de las que*** *imaginaba* = Ce travail présente **plus** de difficultés **que** je ne l'imaginais.

Piège !
bueno : bon *malo* : mauvais *mejor* : meilleur *peor* : pire *grande* : grand *pequeño* : petit *mayor* : plus grand *menor* : plus petit *Este piso es* ***mayor de lo que*** *pensaba* = Cet appartement est **plus** grand **que** je ne le pensais. *Esta foto sale* ***mejor de lo que*** *creía* = Cette photo est **meilleure que** je ne le croyais.

« Le plus »

Si « le plus » remplace le nom, il se traduit par *el más, la más, los más, las más* devant l'adjectif.

*Este libro es **el más** interesante de toda la biblioteca* = Ce livre est **le plus** intéressant de toute la bibliothèque.

*Esta biografía es **la más** completa de todas* = Cette biographie est **la plus** complète de toutes.

Si le nom est exprimé, il se place entre l'article *el, la, los, las* et *más*.

*Es **el** libro **más** interesante de toda la biblioteca* = C'est **le** livre **le plus** intéressant de toute la bibliothèque.

*Es **la** biografía **más** completa de todas* = C'est **la** biographie **la plus** complète de toutes.

*Aquí está **la mayor** biblioteca de toda Europa* = Voici **la** bibliothèque **la plus grande** de toute l'Europe

« Plus... plus »

Si « plus... plus » porte sur un nom, il se traduit par *cuanto-s-a-as más... (tanto-s-a-as) más*. Il faut noter que *cuanto* s'accorde avec le nom qu'il accompagne, et que *tanto* dans la seconde partie de l'expression, est le plus souvent omis.

***Cuanto más** trabajo te cuesta, más satisfacción te da* = **Plus** cela te donne de travail, **plus** cela te procure de satisfaction.

***Cuanta más** incertidumbre tenía, más temor experimentaba* = **Plus** j'avais d'incertitude, **plus** j'avais de crainte.

***Cuantos más** países visitaba, más recuerdos llevaba* = **Plus** je visitais de pays, **plus** j'emportais de souvenirs.

Cuantas más *novelas leo, más ganas tengo de leer* = **Plus** je lis de romans, **plus** j'ai envie de lire.

Si « plus... plus » porte sur un adjectif, il se traduit par *cuanto más.... más* ; *cuanto* reste alors invariable dans tous les cas. Attention, l'ordre des mots n'est pas le même qu'en français !

Cuanto más *corto es el trayecto más numerosos son los trenes* = **Plus** le trajet est court, **plus** les trains sont nombreux.

Cuanto más *delgadas son las chicas, más contentas están*= **Plus** les filles sont minces, **plus** elles sont contentes.

Si « plus... plus » porte sur un verbe, il se traduit par *cuanto más... más* ; *cuanto* reste bien sûr invariable.

Cuanto más *bebes,* ***más*** *te emborrachas* = **Plus** tu bois, **plus** tu t'enivres.

Cuanto est parfois remplacé par « mientras ».

Mientras más *escuchas,* ***más*** *aprendes* = **Plus** tu écoutes, **plus** tu apprends.

« D'autant plus... que »

Si l'expression porte sur un nom, elle se traduit par *tanto-a-os-as más... cuanto-a-os-as más.*

Tengo ***tantos más*** *proyectos que realizar,* ***cuantos más*** *meses de vacaciones que ocupar* = J'ai **d'autant plus** de projets à réaliser **qu**'il y a de mois de vacances à occuper.

Si l'expression porte sur un adjectif, elle se traduit par *tanto más... cuanto más*, qui reste toujours invariable.

Las vacaciones resultan ***tanto más*** *descansadas* ***cuanto más*** *largas* = Les vacances sont d'autant plus reposantes qu'elles sont longues.

Si l'expression porte sur une proposition entière, elle se traduit par *tanto más cuanto que*.

Quería hacerlo lo antes posible, ***tanto más cuanto que*** *sabía que lo necesitabas* = Je voulais le faire le plus vite possible, **d'autant plus que** je savais que tu en avais besoin.

Rappel des pièges
Ha dejado de latir ***el*** *corazón* ***más*** *puro de Valparaíso* (P. Neruda, *Para nacer he nacido*) = **Le** cœur **le plus** pur de Valparaíso a cessé de battre.
¡ Es ***la que más*** *me interesa !* (M. Vázquez Montalbán, *Quinteto de Buenos Aires*) = C'est **celle qui** m'intéresse **le plus** !
Este diálogo le había causado ***más*** *inquietud* ***que*** *certidumbre* (E. Mendoza, *La ciudad de los prodigios*) = Cette conversation lui avait causé **plus d'**inquiétude **que de** certitude.
Las fugas son mucho ***más*** *comunes* ***de lo que*** *en principio se podría pensar* (J. Montanary, Cambio 16) = Les fugues sont beaucoup **plus** fréquentes **qu'**on pourrait le croire au premier abord.

2. Moins

« *Moins de* »

Si « moins... de » porte sur un nom, il se traduit tout simplement par *menos.*

Este verano, tendremos ***menos*** *vacaciones* = Cet été nous aurons **moins de** vacances.

Anoche, los vecinos hicieron ***menos*** *ruido* = Hier soir, les voisins ont fait **moins de** bruit.

Si « moins de » porte sur une quantité, il se traduit par *menos de.*

Aquí producen ***menos de*** *mil toneladas de hierro* = Ici, on produit **moins de** mille tonnes de fer.

Tenía ***menos de*** *veinticinco años cuando vino* = Il avait **moins de** vingt-cinq ans quand il vint.

« *Moins... que* »

Si « moins... que » porte sur un adjectif, il se traduit par *menos... que.*

El tren es ***menos*** *rápido* ***que*** *el avión* = Le train est **moins** rapide **que** l'avion.

El robo es ***menos*** *grave* ***que*** *el crimen* = Le vol est moins grave que le crime.

Si « moins... que » porte sur un nom, il se traduit par *menos... que.*

Bebo ***menos*** *cerveza* ***que*** *zumo de frutas* = Je bois **moins de** bière **que** de jus de fruits.

Comes ***menos*** *tortilla* ***que*** *pælla* = Tu manges **moins** d'omelette **que** de pælla.

Si « moins... que » porte sur une proposition, il se traduit par *menos de lo que.*

Me dio ***menos*** *trabajo* ***de lo que*** *pensaba* = Cela m'a donné **moins** de travail **que** je ne le pensais.

Esta conferencia fue ***menos*** *apasionante* ***de lo que*** *esperaba* = Cette conférence fut **moins** passionante **que** je ne l'espérais.

Attention, si la comparaison porte sur un nom : *menos...* ***del*** *que, menos... de* ***la*** *que, menos... de* ***los*** *que, menos... de* ***las*** *que*, suivant le genre du nom.

Conoces ***menos*** *ciudades españolas* ***de las que*** *pensaba* = Tu connais **moins** de villes espagnoles **que** je ne le pensais.

Los niños estudian ***menos*** *poemas* ***de los que*** *pensaba* = Les enfants étudient **moins** de poèmes **que** je ne le pensais.

« Moins... moins »

Si « moins... moins » porte sur un nom, il se traduit par *cuanto-a-os-as menos... (tanto-a-os-as) menos.* Il convient de noter que *cuanto* s'accorde avec le nom qu'il accompagne, et que *tanto* dans la seconde partie de l'expression est le plus souvent omis.

Cuantos menos *viajes haces,* ***menos*** *países descubres* = **Moins** tu fais de voyages, **moins** de pays tu découvres.

Cuantas menos *dificultades encuentras,* ***menos*** *esfuerzos haces* = **Moins** tu rencontres de difficultés, **moins** tu fais d'efforts.

Si « le moins » remplace le nom, il se traduit par *el menos, la menos, los menos, las menos* placé devant l'adjectif.

La menos *rentable de las fábricas será cerrada* = **La moins** rentable des usines sera fermée.

De los cuatro hermanos, ***el menos*** *aficionado al fútbol es el mayor* = Parmi les quatre frères, **le moins** passionné de football est l'aîné.

Si le nom est exprimé, il se place entre l'article *el, la, los, las* et *menos.*

La *fábrica* ***menos*** *rentable será cerrada* = **L**'usine **la moins** rentable sera fermée.

El *hermano* ***menos*** *aficionado al fútbol es el mayor* = **Le** frère **le moins** passionné de football est l'aîné.

Avíseme si encuentra ***el menor problema*** = Prévenez-moi si vous avez **le moindre** (le plus petit) problème.

Si « moins... moins » porte sur un adjectif, il se traduit par *cuanto menos... menos.* Dans ce cas, *cuanto* ne s'accorde jamais. Attention à l'ordre des mots ! L'adjectif se place immédiatement après *menos.*

Cuanto menos *largos son los discursos,* ***menos*** *aburridos resultan* = **Moins** les discours sont longs, **moins** ils sont ennuyeux.

Cuanto menos *fuerte pega el sol,* ***menos*** *dolorosas son sus consecuencias* = **Moins** le soleil tape fort, **moins** ses conséquences sont douloureuses.

Si « moins... moins » porte sur un verbe, il se traduit par *cuanto menos... menos* ; *cuanto* reste bien sûr invariable.

Cuanto menos *comes,* ***menos*** *engordas* = **Moins** tu manges, **moins** tu grossis.

Cuanto menos *reflexionas,* ***menos*** *comprendes* = **Moins** tu réfléchis, **moins** tu comprends.

Il est également possible d'associer *más* et *menos* et de construire les expressions : *cuanto más... menos* ou *cuanto menos... más.*

Cuanto más *lo pienso,* ***menos*** *lo creo* = **Plus** j'y pense, **moins** j'y crois.

Cuanto menos *gritas,* ***más*** *obedecen los chicos* = **Moins** tu cries, **plus** les enfants obéissent.

« D'autant moins... que »

Si l'expression porte sur un nom, elle se traduit par *tanto-a-os-as menos... cuanto-a-os-as menos.*

Necesito ***tantos menos*** *consejos,* ***cuantos menos*** *problemas hay que resolver* = J'ai besoin **d'autant moins** de conseils **qu**'il y a peu de problèmes à résoudre.

Si l'expression porte sur un adjectif, elle se traduit par *tanto menos... cuanto menos* qui reste toujours invariable.

Los ocios son ***tanto menos*** *lujosos* ***cuanto menos*** *caros* = Les loisirs sont **d'autant moins** luxueux **qu**'ils sont bon marché.

Il est également possible dans ce cas d'associer *más* et *menos.*

Los problemas me parecen ***tanto menos*** *posibles de resolver* ***cuanto más*** *complicados* = Les problèmes me semblent **d'autant moins** possibles à résoudre **qu**'ils sont compliqués.

Si l'expression porte sur une proposition entière, elle se traduit par *tanto menos cuanto que.*

No podía aceptarlo, ***tanto menos cuanto que*** *no entendía su motivo* = Elle pouvait **d'autant moins** l'accepter **qu**'elle n'en comprenait pas la raison.

Piège !

cada vez más : de plus en plus
cada vez menos : de moins en moins
las más de las veces : la plupart du temps
más bien : plutôt
poco más o menos : à peu près
el más allá : l'au-delà
por lo menos : tout du moins
al menos : au moins
a lo menos : au moins
¡ menos mal ! : heureusement !
ni mucho menos : loin de là
cuánto más : à plus forte raison
tanto mejor : tant mieux
tanto peor : tant pis

Continuez votre liste !

3. « Aussi » et « autant »

« *Autant de... que* »

Devant un nom sur lequel il porte, « autant de...que » se traduit par *tanto-a-os-as... como* ; *tanto*, adjectif, s'accorde avec le nom qu'il accompagne.

*Llevas **tantas** joyas **como** una reina* = Tu portes **autant de** bijoux **qu**'une reine.

*No tiene **tanta** paciencia **como** yo* = Il n'a pas **autant de** patience **que** moi.

*Otorga **tantos** permisos **como** tú* = Elle accorde **autant d**'autorisations **que** toi.

Gana tanto dinero como un futbolista = Il gagne **autant d'**argent **qu'**un footballeur.

« *Autant... que* »

Si « tanto » est adverbe, il reste invariable, dans tous les cas. La comparaison se construit également avec *como*.

*Me gustan **tanto** las manzanas **como** las peras* = J'aime **autant** les pommes **que** les poires.

*Voy **tanto** al cine **como** al teatro* = Je vais **autant** au théatre **qu**'au cinéma.

*Admiro **tanto** su bondad **como** su generosidad* = J'admire **autant** sa bonté **que** sa générosité.

Piège !
En verano, como ***tantas*** *uvas* ***como*** *cerezas* = En été, je mange **autant de** raisin **que** de cerises. *Me gustan* ***tanto*** *las uvas* ***como*** *las cerezas* = J'aime **autant** le raisin **que** les cerises. *Durante el año, veo* ***tantas*** *películas* ***como*** *obras de teatro* = Pendant l'année, je vois **autant de** films **que** de pièces de théatre. *Tanto las películas como las obras de teatro son una distracción agradable* = **Autant** les films **que** les pièces de théatre sont une distraction agréable.

« Aussi... que »

Devant un adjectif, la comparaison s'établit avec *tan... como* ; *tan* reste toujours invariable.

La fresas son ***tan*** *azucaradas* ***como*** *los albaricoques* = Les fraises sont **aussi** sucrées **que** les abricots.

Los melones son casi ***tan*** *gordos* ***como*** *las sandías* = Les melons sont presque **aussi** gros **que** les pastèques.

Los plátanos salen ***tan*** *caros* ***como*** *los melocotones* = Les bananes sont **aussi** chères **que** les pêches.

La carne me parece ***tan*** *rica* ***como*** *el pescado* = La viande me semble **aussi** bonne **que** le poisson.

Piège !
Attention, *tanto* et *tan* ne servent pas seulement à indiquer une comparaison ; ils peuvent aussi introduire une conséquence. Ils s'utiliseront alors de la même façon mais suivis de « que ». *Tengo* ***tanto*** *trabajo* ***que*** *no puedo salir de vacaciones* = J'ai tant (tellement) de travail que je ne peux partir en vacances. *Descubrimos* ***tantas*** *maravillas* ***que*** *nos quedamos pasmados* = Nous avons découvert tant (tellement) de merveilles que nous en sommes restés stupéfaits. *Mi padre viaja* ***tanto que*** *nunca está en casa* = Mon père voyage tant (tellement) qu'il n'est jamais à la maison. *La novela era* ***tan*** *aburrida que no pude acabarla* = Le roman était si ennuyeux **que** je n'ai pas pu le terminer.

Récapitulons !

(...) grabé a punta de navaja su nombre, sobre el que cayeron ***tantas*** *lluvias* ***como*** *rocíos.* (R. Alberti, *La Arboleda perdida*)

Era ***el peor momento*** *para vivir en aquella casa, entre oscuras insinuaciones del más allá.* (P. Neruda, *Confieso que he vivido*)

Estaba ***tan*** *verdosa y disminuida, que tuvo dificultad en reconocerla.* (I. Allende, *La casa de los espíritus*)

Me responden ***los*** *perros* ***más*** *lejanos, los gallos anticipados del amanecer.* (R. Alberti, *La Arboleda perdida*)

Me asombró que la noche fuera no ***menos*** *pesada* ***que*** *el día.* (J.-L. Borges, *Ficciones*)

Atravieso ***una de las*** *crisis* ***más*** *fuertes que he tenido.* (F. García Lorca - carta a B. Palencia)

Los bailes de los sábados eran probablemente ***el*** *hecho comunitario* ***más*** *importante.* (M. Benedetti, *La sirena viuda*)

Era en fin alguien mucho ***más*** *encumbrado* ***que*** *el modesto ferretero.* (M. Benedetti, *La sirena viuda*)

Chapitre XII

« Ser » ou « estar » ?

1. Sans aucune hésitation

Il faut commencer par considérer que *ser* et *estar* sont deux verbes différents, qui s'emploient dans des cas différents et bien déterminés, et oublier qu'ils se traduisent de la même façon en français. Car de là vient toute la difficulté, le français ne dispose que d'un verbe quand l'espagnol dispose de deux verbes. Il faut dès lors considérer le cas grammatical et non le sens du verbe, penser une utilisation du verbe et non une traduction. Car les emplois de *ser* et *estar* sont très simples et précis « grammaticalement parlant ». Dans la majorité des cas, il n'y a aucune hésitation à avoir.

Les cas suivants ne laissent aucune place à l'hésitation ; ce sont des emplois systématiques de *ser* et *estar* dans les conditions grammaticales énoncées. Ces cas sont nombreux... ce sont autant de difficultés supprimées quant à l'emploi de *ser* et *estar* !

Les emplois du verbe « ser »

• *Ser* s'emploie toujours devant un nom et tout ce qui peut le remplacer (pronom, nombre, indéfini, un superlatif)

Soy ***Alejandro***	*Eres* ***Sofía****.*
Soy un ***estudiante***	*Eres una* ***chica****.*
Mi hermano es ***él.***	*Su tía es* ***Usted****.*
Mis libros son ***éstos****.*	*Tus cualidades son* ***éstas****.*
Esta cartera es ***la mía****.*	*Este coche es* ***el tuyo****.*
En mi familia somos ***cinco****.*	*En tu pandilla sois* ***veinte****.*

*Yo soy **el mayor**.*
*En la clase, somos **muchos**.*

*Eres **la menor**.*
*Somos **demasiados** en el ascensor.*

A noter

On emploie donc toujours *ser* pour indiquer l'heure et la date.
¿ Qué hora es ?
Son las seis y media de la tarde.
Es la una menos cuarto.
¿ Cuál es la fecha de hoy ?
Hoy es el 10 de Julio de 2001.
Ayer era el 2 de Mayo.

• *Ser* s'emploie toujours devant un infinitif.
*Lo difícil es **estudiar** todo el vocabulario.*
*Lo importante es **conocer** a los empleados por su nombre.*
*Lo que me gusta es **practicar** muchos deportes.*

• *Ser* s'emploie toujours dans la tournure impersonnelle.
***Es** imprescindible hablar varios idiomas.*
***Es** una pena abandonarlo así.*
***Es** increíble ver cómo funciona.*
***Es** horrible saber los detalles del crimen.*

• *Ser* s'emploie toujours dans la tournure emphatique.
***Es** en verano cuando viajo mucho.*
***Es** en Paraguay donde prefiero vivir.*
***Es** nadando como se aprende a nadar.*
***Es** por miedo porque no lo hace.*
***Es** él quien viene cada fin de semana.*
***Es** a ti a quien me dirijo.*

• *Ser* s'emploie toujours pour exprimer la matière.
*El collar es **de oro**.*
*La mesa es **de madera**.*
*Los platos son **de barro cocido**.*
*Las faldas son **de lino**.*

• *Ser* s'emploie toujours pour indiquer l'origine.
*Somos **de Colombia**.*
*Y tú ¿ **de dónde** eres ?*
*Yo soy **de Cataluña**, más precisamente soy **de Barcelona**.*
*Mi familia es **del centro** de España, es **de Castilla**.*

• *Ser* s'emploie toujours pour indiquer l'appartenance.
*Este bolso **es de** mi hermana.*
*Los discos **son de** nuestros amigos.*
*¿ **Es de** Usted la maleta ?*
*Todos los sombreros **son de** mi abuela.*

Les emplois du verbe « estar »

• *Estar* s'emploie toujours devant un complément de temps.
*Estamos **en verano** desde hace dos días.*
*Hoy, estamos **a 22 de Julio** de 2001.*
*Estamos **en el momento** más importante de nuestra vida.*
*Estamos **en el siglo** XXI.*

• *Estar* s'emploie toujours devant un complément de lieu.
*Estás **a orillas del mar** durante el mes de Agosto.*
*Estoy **en casa** hasta las dos de la tarde.*
*¿ **Dónde** está el perro ? Está **debajo de** la mesa.*
*Barcelona está **en Cataluña**.*
*En clase, estoy **a la izquierda** de Pedro, y tú estás **a su derecha**.*

• *Estar* s'emploie toujours devant le gérondif.
Estamos ***leyendo*** *el periódico.*
Usted está ***viendo*** *la televisión.*
El mendigo está ***pidiendo*** *limosna.*
Los chicos están ***divirtiéndose*** *en el parque de atracciones.*

A noter

estar de viaje : être en voyage
estar de vacaciones : être en vacances
estar de luto : être en deuil

2. C'est plus délicat !

Devant un adjectif qualificatif

Ser s'utilise pour caractériser, pour définir.

*Las chicas son **peruanas**, son **jóvenes**, son **morenas**, son **delgadas**, son **graciosas**.*

*Mi casa es **grande**, es **clara**, es **agradable**, es **acogedora**, es **calma**.*

*Esta ciudad es **ruidosa**, es **cansada**, es **agobiante**, es **desagradable**.*

Estar s'utilise pour indiquer un état ponctuel.

*Durante la temporada de los concursos, los chicos están **nerviosos**, están **inquietos**.*

*¿ Qué te pasa ? ¿ Estás **enfermo** o sólo estás **cansado** ? Estás muy **pálido**.*

*Hoy la casa está **sucia**, está **polvorienta**, está **desordenada**.*

*En Agosto, las uvas están **maduras**, las cerezas están **rojas**, pero las peras están **verdes**.*

L'utilisation de l'un ou l'autre des deux verbes permet donc de jouer sur le sens de l'adjectif.

*Este hombre no oye lo que le dicen, **es sordo**.*

*Chicos, ¿ no oís lo que os digo ? ¿ **Estáis sordos** ?*

*Esta chica **es muy guapa**.*

*Hoy **estás muy guapa** con tu vestido azul.*

*Las persianas de mi casa **son verdes**.*

*Las fresas **están verdes** en febrero.*

Piège !		
	Ser	
ser feliz : être heureux	*ser dichoso* : être heureux	*ser infeliz* : être malheureux

Ser	***Estar***
ser bueno : être gentil, bon	*estar bueno* : être bien portant
ser malo : être méchant, mauvais	*estar malo* : être malade
ser atento : être attentionné	*estar atento* : être attentif
ser listo : être intelligent, malin	*estar listo* : être prêt
ser rico : être riche	*estar rico* : être bon (pour un mets)

Dans la voix passive

Ser s'utilise pour évoquer l'action.
*La ventana **es abierta por** el estudiante.*
*La canción **es cantada por** todos los niños.*
*Este libro **fue escrito por** E. Mendoza.*
*Todos los datos **serán examinados por** un grupo de expertos.*

Attention, le complément d'agent n'est pas toujours exprimé !
*Os aseguro que vuestras cartas **serán leídas**.*
*No sé si el caso **fue estudiado**.*

Estar s'utilise pour évoquer le résultat de l'action.
*Todas las ventanas **están abiertas**, sin embargo hace calor.*
Está preparada *la comida, venid a cenar.*
*Podemos salir de vacaciones, el trabajo **está hecho**.*
*Encontré muchas dificultades, pero a pesar de todo ya **está escrito** el artículo.*

3. Quelques expressions à connaître

Avec « ser »

Eso es : c'est cela
¿ *Qué será de ti* ? : qu'adviendra-t-il de toi ?
A no ser que : à moins que
No soy para eso : je ne suis pas fait pour cela
Érase una vez : il était une fois
Érase que se era : il était une fois
O sea : autrement dit
Sea lo que sea : quoi qu'il en soit
Sea... sea : soit... soit
Siendo así : cela étant

Avec « estar »

¡ ***Ya está*** ! : ça y est !
Está bien : c'est bien
Está mal : c'est mal
Está claro : c'est clair
Estar de acuerdo : être d'accord
Estar conforme : être d'accord
Estar para : être sur le point de
Estar por : être en attente de
No estar para bromas : ne pas être d'humeur à plaisanter
Estar de más, de sobra : être en trop
¿ ***Cómo está Usted*** ? : comment allez-vous ?

Continuez la liste de ceux que vous rencontrez :

Piège !
El crimen ***fue*** *en Granada* = Le crime **a eu lieu** à Grenade. *La conferencia* ***es*** *en el Aula Magna* = La conférence **a lieu** dans l'amphithéatre. *Navidad* ***es*** *en diciembre* = Noël **a lieu** en décembre. ***Estoy de*** *camarero en Madrid* = Je **suis** à Madrid **comme** serveur. **Continuez la liste des emplois qui vous posent problème :**

4. Les substituts de « ser » et « estar »

« *Resultar* »

Resultar s'emploie très fréquemment en espagnol, à la place de *ser* ou de *estar*, lorsque l'attribut exprime une conséquence.

Resultó muy difícil no caer en la trampa = **Il fut** très difficile de ne pas tomber dans le piège. (conséquence des circonstances)

*Un vestido de seda siempre **resulta** muy caro* = Un vêtement de soie **est** toujours très cher. (conséquence de la matière)

*El estreno de la obra de teatro **resultó** un fracaso total* = La première de la pièce de théatre **fut** un échec total. (conséquence de la préparation...)

« *Ir* », « *andar* », « *venir* », « *llegar* »

Ces verbes s'emploient si le sujet est en mouvement.

*El actor **anda** muy bien vestido hoy* = L'acteur **est** très bien habillé aujourd'hui.

*La mujer **va** disfrazada de princesa* = La femme **est** déguisée en princesse.

*Ayer, **llegamos** todos muy cansados de nuestro paseo* = Hier, nous **étions** tous très fatigués de notre promenade.

« *Seguir* »

Seguir s'emploie lorsque la caractéristique persiste.

*Los transportes **siguen** caros en esta ciudad* = Les transports sont toujours (encore) chers dans cette ville.

Los turistas ***siguen*** *tan numerosos en el mes de Octubre* = Les touristes **sont toujours** aussi nombreux au mois d'octobre.

« *Quedar* »

Quedar s'emploie pour évoquer un état final.

El problema ***quedó*** *resuelto tras largas discusiones* = Le problème **fut** résolu après de longues discussions.

Ya hemos terminado la encuesta, el resultado ***queda*** *claro* = Nous avons terminé l'enquête, le résultat **est** clair.

Me preguntaba si las cosas ***quedaban*** *limpias* = Je me demandais si les choses **étaient** claires

Récapitulons !
Ser
¡ No querrás decirme que quieres ser monja ! (M. Mayoral, *Recóndita armonía*)
Quizá valga la pena aclarar que el nombre del pueblo no era -ni es- Rosales. (M. Benedetti, *La sirena viuda*)
Los últimos serán los primeros. (M. Vázquez Montalbán, *Quinteto de Buenos Aires*)
Hay que ser duro con los duros. (L. Romero, *Los otros*)
¿ Ha pensado Usted que el teorema de Tales siempre fue, es y será verdadero ? (A. Fontaine, *Cuando éramos inmortales*)
El jugador se pone la máscara del mártir que acaba de ser crucificado. (E. Galeano, *El fútbol a sol y sombra*)
La capilla ardiente había sido instalada en el oratorio de las monjas que regentaban el asilo de ancianos de Bassora. (E. Mendoza, *La ciudad de los prodigios*)

Estar
¿ Acaso no estabas tú insinuando esto ? (E. Mendoza, *Una comedia ligera*) *Si al cliente apenas se le ocurrían dos frases lacónicas diciendo que aún estaba vivo...* (I. Allende, *Hija de la fortuna*) *¿ Cuántos teatros están metidos en el gran teatro del fútbol ?* (E. Galeano, *El fútbol a sol y sombra*) *Hace unos cincuenta años, no estaban de moda las escuelas de periodismo.* (G. García Márquez, *El País*) **Notez les exemples que vous rencontrez :**

Tableau des emplois de « ser » et « estar »

Ser (devant)	*Estar* (devant)
un nom	un complément de lieu
un pronom	un complément de temps
un nombre	un gérondif
un indéfini	
un infinitif	
l'origine	
la matière	
l'appartenance	
la tournure impersonnelle	
la tournure emphatique	
l'adjectif qualificatif qui caractérise	l'adjectif qualificatif qui évoque un état
le participe passé qui évoque l'action	le participe passé qui évoque le résultat

Chapitre XIII

Diminutifs et augmentatifs

1. Diminutifs

Dans la langue parlée, l'espagnol emploie souvent le diminutif, qui sert à donner une connotation affectueuse, tendre, mais parfois aussi péjorative. Il ne faut donc pas l'utiliser de façon systématique pour traduire l'idée de « petit » en français, sans s'assurer que le ton le permet. Son emploi ne se justifie pas dans certains contextes (monde des affaires par exemple). Néanmoins, il sera souvent indispensable pour rendre une nuance, un sentiment, que lui seul peut traduire.

Les diminutifs en « ito », « ita »

Les mots de plusieurs syllabes qui se terminent par : « a », « o », ou une consonne autre que « r » et « n », ont leur diminutif en « ito » ou « ita ». Dans le cas des mots qui se terminent par « a » ou « o », cette voyelle finale disparait.

*una cas**a*** : una casita
*un vas**o*** : un vas**ito**
*un árbo**l*** : un arbol**ito**
*gord**o*** : gord**ito**
*frances**a*** : frances**ita**
*pront**o*** : pront**ito**
*ahor**a*** : ahor**ita**

Certaines modifications d'orthographe peuvent s'avérer nécessaires.

Piège !	
*un chi**co**, una chi**ca***	*un chi**quito**, una chi**quita***
*lo**co**, lo**ca***	*lo**quito**, lo**quita***
*cer**ca***	*cer**quita***
*cie**go**, cie**ga***	*cie**guito**, cie**guita***
*un ami**go**, una ami**ga***	*un ami**guito**, una ami**guita***
*un rapa**z***	*un rapa**cito***
*un tro**zo***	*un tro**cito***

Ces mêmes mots peuvent former leur diminutif en « illo », « illa », forme moins usitée sauf dans certaines régions d'Espagne (Andalousie).

Les diminutifs en « cito », « cita »

Les mots de plusieurs syllabes qui se terminent par « e », « é », « r », « n » ont leur diminutif en « cito », « cita ».

un caf**é**	un cafe**cito**
la carn**e**	la carne**cita**
el calo**r**	el calor**cito**
la lecció**n**	a leccion**cita**
el botó**n**	el boton**cito**
pobr**e**	pobre**cito**
la madr**e**	la madre**cita**

Piège !			
*el seño**r***	*el seño**rito***	*la señora*	*la señorita*
*el jardí**n***	*el jardin**ito***		
*el alfile**r***	*el alfiler**ito***		

Les diminutifs en « ecito », « ecita »

Les mots d'une seule syllabe et les mots qui portent un accent tonique sur une diphtongue, ont leur diminutif en « ecito », « ecita ».

una flor	una flore**cita**
un pan	un pane**cito**
una luz	una luce**cita**
un rey	un reye**cito**
*una **pue**rta*	una puerte**cita**
*una **sie**sta*	una sieste**cita**

Piège !	
un pie	*un pie**cecito***

Les noms de personnes

De nombreux prénoms s'emploient sous la forme du diminutif pour les raisons évoquées au début du chapitre (expression d'un sentiment). Ils suivent généralement la même règle que les noms communs, mais certains d'entre eux ont un diminutif totalement fantaisiste.

*Ros**a***	*Ros**ita***
*Teres**a***	*Teres**ita***
*An**a***	*An**ita***
*Carme**n***	*Carmen**cita***
*Jorg**e***	*Jorge**cito***

Piège !	
Francisco	*Paco, Paquito, Pancho, Curro*
Jesús	*Chucho*
José	*Joselito, Pepe, Pepito*
Manuel	*Manolo, Manolito, Manolín*
Pedro	*Perico, Periquito*
Concepción	*Concha, Conchita*
Dolores	*Lola, Lolita*
Francisca	*Paca, Paquita, Pancha, Curra*
Josefa	*Pepa, Pepita*
María	*Mariquita, Maruja*

A noter
***Caperucita** roja* : le petit Chaperon Rouge
Pulgarcito : le petit Poucet

Les diminutifs en « uelo », « uela »

Ils sont rares, il convient de les mémoriser tels quels lorsqu'on les rencontre.

la plaza — *la plaz**uela***
el chico — *el chic**uelo***
la chica — *la chic**uela***
el río — *el riach**uelo***

Certains suffixes (surtout « illo » et « uelo ») donnent au diminutif un sens différent de celui du nom d'origine.

el paño : le drap
el pañuelo : le mouchoir, le foulard
la ventana : la fenêtre
la ventanilla : le guichet, le hublot
el torno : le tour
el tornillo : la vis
pesado : lourd
la pesadilla : le cauchemard

Récapitulons !

*Ovej***ita***, niño mío,*
vámonos a la orilla del mar.
*La hormi***guita** *estará en su puerta,*
yo te daré la teta y el pan. (F. García Lorca, *La casa de Bernarda Alba).*

*El chi***quillo***, más moreno y más idílico en la hora dudosa... parece uno de aquellos mendi***guillos** *que pintó Bartolomé Esteban.* (Juan Ramón Jiménez, *Platero y yo*).

*Celipín, Celipin***illo***... ¿Estás dormido?.... Aquí lo tengo en el seno, muy bien guarda***dito** *en el saco que me diste... no es para vicios- afirmó el chic***uelo** *con energía.* (Benito Pérez Galdós, *Marianela*).

*Con toda tranquilidad, me hizo un taj***ito** *minúsculo y él se hizo otro, ambos en las muñecas. (Mario Benedetti, La sirena viuda)*

2. Augmentatifs

S'il est dangereux de former des diminutifs sans avoir la certitude absolue qu'ils existent sous cette forme, il est encore bien plus dangereux de former des augmentatifs. Alors... prudence ! Il faut cependant connaître les principaux suffixes qui servent à former les augmentatifs, et mémoriser les mots les plus courants.

Les augmentatifs en « ón »

Ce sont les plus courants. Ils impliquent souvent un changement de genre du nom. Les adjectifs font leur féminin en « ona ».

*un hombre cincuent**ón*** — *una mujer cincuent**ona***
(qui ont « largement » cinquante ans)
*un solter**ón***
*una solter**ona***

gigante	*gigant**ón***
la culebra	*el culebr**ón***
la nube	*el nubarr**ón***
la cuchara	*el cuchar**ón***
la puerta	*el port**ón***
la bala	*el bal**ón***

Notez ceux que vous rencontrez :

Les augmentatifs en « azo », « aza »

Ils servent à donner une nuance péjorative. Attention à ne pas les confondre avec les mots dont le suffixe « azo » indique « un coup de ».

bueno	*buen**azo***
un coche	*un coch**azo***

Notez ceux que vous rencontrez !

Les augmentatifs en « acho », « acha » (parfois même en « achón »)

Ils servent également à donner une nuance péjorative. Ils sont assez rares.

*el popul**acho***
*un pobl**acho***
*ric**acho** (ou ric**achón**)*
*bon**achón***

Notez ceux que vous rencontrez !

Piège !
*el escal**ón*** (= l'échelon, la marche) est une **petite partie** de *la escala* ou *la escalera.* *el mont**ón*** (= le tas) est **plus petit** que *el monte.*

Chapitre XIV

Quelques points très délicats

1. « Il y a » et « il »

« *Il y a* »

Devant un nom

« Il y a » se traduit par *hay* au présent de l'indicatif, et par la troisième personne du singulier de l'auxiliaire *haber* aux autres temps (*había - hubo - habrá - habría - haya - hubiera*). Cette expression ne se met **jamais au pluriel**.

***Hay** una rosa en el florero.*
***Había** mil flores en el prado.*
***Habrá** miliones de personas a orillas del mar durante el verano.*

Devant un complément de temps

« Il y a » se traduit par *hace* au présent de l'indicatif, et par la troisième personne du singulier du verbe *hacer* aux autres temps (*hacía - hizo - hará - haría - haga - hiciera*). Cette expression ne se met **jamais au pluriel**.

***Hace** un siglo, no existía el teléfono móvil.*
***Hace** cien años, no existía el microondas.*
*Mañana, **hará** diez años que nos casamos.*

Récapitulons !
*También **había** chinos entonces, pero eran mejor tratados que la carne de ébano.* (Alejo Carpentier, *Ecue-yamba-o*)
*Onofre levantó los ojos, parpadeó : **había** alguien más en la estancia.* (Eduardo Mendoza, *La ciudad de los prodigios*)
Hace años que todo lo hago por deber y por este empeño mío de dejar una huella, algo que perdure. (Marina Mayoral, *Recóndita armonía*)
*Y el otro tiene que describir ese detalle, tiene que exprimir al máximo su memoria para extraer de ella su postalita de **hace** diez años.* (Mario Benedetti, *La sirena viuda*)

« *Il* »

Lorsque « il » sert à construire une tournure impersonnelle en français, il ne se traduit pas en espagnol et le verbe s'accorde avec son sujet réel.

Il existe diverses catégories de voyages = ***Existen*** *varias categorías de viajes.*

Il existe une cohésion parfaite ici = ***Existe*** *una cohesión perfecta aquí.*

Il se passe des événements importants = ***Ocurren*** *acontecimientos importantes.*

Il se crée des entreprises dans cette région = ***Se crean*** *empresas en esta región.*

Il naît de nouveaux types de loisirs = ***Nacen*** *nuevos tipos de ocios.*

2. « Voici », « voilà »

Plusieurs possibilités pour traduire cette formule, selon les cas et selon le niveau de langue.

• Tout d'abord, la plus littéraire : *he aquí, he ahí, he allí, he allá ; aquí, ahí, allí* et *allá* s'emploient de la même façon qu'habituellement, selon l'éloignement.

He aquí *un libro apasionante.*

He aquí *a mi amigo peruano.*

He allá *el país que más deseo conocer : Argentina.*

• Plus courante, et plus précise pour désigner *éste (ésta) es, ése (ésa) es* et *aquél (aquella) es* qui se mettront au pluriel si nécessaire : *ésos (ésas) son, éstos (éstas) son, aquéllos (aquéllas) son*. Le démonstratif s'utilise de la même façon qu'habituellement, selon l'éloignement.

Éste es *un cuento maravilloso.*

Ésta es *una ciudad muy ruidosa, de día y de noche.*

El verano pasado, visité Barcelona ; ***aquélla es*** *una ciudad encantadora.*

Ése fue *un crimen asqueroso : el asesinato de Federico García Lorca.*

• Pour situer dans l'espace :

aquí está-n, allí está-n, s'il n'y a pas de mouvement.

Aquí está *toda mi colección de sellos extranjeros.*

Aquí están *todas mis tarjetas telefónicas.*

Allí está *el deportista más conocido del mundo.*

aquí viene-n, allí viene-n, s'il y a mouvement.

Aquí viene *el gatito del vecino.*

Aquí vienen *los músicos de la orquesta sinfónica.*

¡ Chicos, silencio, ***allí viene*** *la profesora !*

¡ Hijos míos, un poco de formalidad, ***allí vienen*** *los directores de nuestra escuela !*

• Pour donner quelque chose à quelqu'un : *aquí tiene-tienes-tenéis-tienen.*

Aquí tienes *el expediente que me habías pedido.*

Aquí tiene Usted *el resultado de la encuesta ; lo analizará cuando quiera.*

Aquí tenéis *el balance del año de la empresa ; lo podéis consultar antes de la reunión.*

Aquí tienen Ustedes *todos los datos necesarios para entender el caso.*

Piège !

Ahí va *su dinero, ¡ no me lo pida más !* = Voici votre argent, ne me le demandez plus ! (mouvement de colère : l'argent est « jeté » sur la table)

Ya viene *el tiempo de divertirse* = Voici le temps de s'amuser qui arrive.

¡ Ya viene ! = Le (la) voilà !

Récapitulons !

« ***Aquí*** *estamos », dijo el hombre llamado Roldán junto a una puerta de doble hoja.* (Mario Benedetti, *La sirena viuda)*

– ¿ Tienes pelo de ella ?

– ***Aquí*** *lo traigo.* (Alejo Carpentier, *Ecue - yamba - o)*

Aquí tienes*, Teodoro Golfín, el resultado de tu adelante, siempre adelante.* (Benito Pérez Galdós, *Marianela)*

Novia : ***Aquí vengo***

Madre : ¿ Quién es ?

Vecina : ¿ No la reconoces ? (Federico García Lorca, *Bodas de sangre)*

3. « Y » et « en »

Ils n'ont pas d'équivalent en espagnol et il s'avère nécessaire de les analyser avant de les traduire car leur traduction dépend de leur sens.

« *Y* »

Représente un complément de lieu

S'il s'agit d'un lieu où l'on est : *aquí, ahí, allí, allá* (selon l'éloignement). « Y » répond alors à la question: « *¿ Dónde ?* ».

*Ven a visitarme en Madrid ; **aquí me** quedo hasta el mes de junio* = Viens me rendre visite à Madrid ; **j'y reste** jusqu'au mois de juin.

*Vivimos más de diez años en Méjico, y **allí trabajamos** también* = Nous avons vécu plus de dix ans au Mexique, et **nous y avons travaillé** aussi.

S'il s'agit du lieu où l'on va : *ahí, allí, allá* (selon l'éloignement). « Y » répond alors à la question : « *¿ Adónde ?* ».

*Me gustan mucho las cataratas de Iguazú ; **allí fuimos** el año pasado* = J'aime beaucoup les chutes d'Iguazú ; **nous y sommes allés** l'an dernier.

S'il s'agit du lieu par lequel on passe : *por* viendra compléter les adverbes *ahí, allí, allá*. « Y » répond alors à la question : « *¿ Por dónde ?* ».

*Cerca de mi casa, hay un bosque muy extenso ; **paseo por ahí** muy a menudo* = Près de chez moi, il y a un bois très étendu ; **je m'y promène** très souvent.

Représente le complément d'un verbe

Il faut savoir avec quelle préposition ce verbe se construit, et quel nom remplace « y ».

Tengo un proyecto de trabajo y pienso mucho ***en él*** = J'ai un projet de travail et j'**y** pense beaucoup.

Tenemos varias ideas para las vacaciones y reflexionamos ***en ellas*** = Nous avons plusieurs idées pour les vacances et nous **y** réfléchissons.

Hacemos algunas visitas a nuestros predecesores porque estamos obligados ***a ellas*** = Nous rendons quelques visites à nos prédécesseurs parce que nous **y** sommes obligés.

Représente une action

Il faut connaître la préposition avec laquelle se construit le verbe dont l'action est complément, et traduire l'action soit par *esto, ello, eso, aquello*, soit par le verbe à l'infinitif.

Te prometí sacar entradas para el nuevo espectáculo de baile flamenco y me comprometo ***a eso****.*

Te prometí sacar entradas y me comprometo ***a hacerlo****.*

Te prometí sacar entradas y me comprometo ***a sacarlas****.*

Je t'ai promis de prendre des places pour le nouveau ballet flamenco et je m'y engage.

Piège !	
- *¿ Quién va a comprar el pan ?* - *¡ Voy !*	- Qui va acheter le pain ? - J'y vais !
- *¡ Está sosa la sopa !* - *Pues* **le** *añades sal.*	- La soupe est insipide ! - Eh bien tu **y** ajoutes du sel.
¡ Vámonos !	Allons-**y** !
Ya lo pensaré.	J'**y** penserai.
¡ Cuídalo !	Fais-**y** attention !
¡ Préstale atención !	Fais-**y** attention !
No es culpa mía.	Je n'**y** suis pour rien.
¡ Ya está !	Ça **y** est !
Usted no cae en la cuenta.	Vous n'**y** êtes pas du tout.
Piénselo.	Pensez-**y**.
Me lo esperaba.	Je m'**y** attendais.

« En »

Représente un complément de lieu

Il s'agit du lieu d'où l'on vient, par conséquent *aquí, ahí, allí, allá* seront précédés de *de*. Il répond à la question : « *¿ De dónde ?* ».

El avión estaba abarrotado de gente, salgo de ahí agotado = L'avion était bondé, j'**en** sors épuisé.

Aquel país me pareció extraordinario, vuelvo de allí maravillado = Ce pays m'a semblé extraordinaire, j'**en** reviens émerveillé.

Esta piscina tiene una agua demasiado fría, salgo de aquí inmediatamente = Cette piscine a une eau trop froide, j'**en** sors immédiatement.

Tendrías que visitar Barcelona, vengo de allí y me pareció una ciudad maravillosa = Tu devrais visiter Barcelone, j'**en** reviens et cela m'a semblé une ville merveilleuse.

Représente le complément d'un verbe

Il faut connaître la préposition avec laquelle se construit le verbe, et le nom remplacé par en.

Preparo numerosos ***viajes*** *y sueño* ***con ellos*** = Je prépare de nombreux voyages et j'en rêve.

No sé si te acuerdas de nuestros ***vecinos*** *en Alemania, pero yo sí me acuerdo* ***de ellos*** = Je ne sais si tu te souviens de nos voisins en Allemagne, mais moi oui je m'**en** souviens.

Este ***acontecimiento*** *le parece grave y se preocupa* ***por él*** = Cet événement lui semble grave, et il s'en préoccupe.

Son numerosas las reglas de gramática, aprendo ***unas de ellas*** *cada día* = Les règles de grammaire sont nombreuses, j'**en** apprends quelques-unes chaque jour.

Tienes mucha suerte, yo tengo menos que tú = Tu as beaucoup de chance, j'**en** ai moins que toi.

Conozco el título de la novela pero no conozco ***su*** *fecha* = Je connais le titre de l'œuvre, mais je n'**en** connais pas la date.

Piège !

Hay películas interesantes pero ***las hay*** *también muy aburridas* = Il y a des films très intéressants, mais **il y en a** aussi de très ennuyeux.
Tengo varios libros de arte, ***los hay*** *buenos y* ***los hay*** *malos* = J'ai plusieurs livres d'art, **il y en a** de bons et **il y en a** de mauvais.
Entre mis primos, ***los hay que*** *estudian el español y* ***los hay que*** *estudian el ruso* = Parmi mes cousins, **il y en a qui** étudient l'espagnol et **il y en a** qui étudient le russe.
No tengo otras noticias, no te puedo decir más = Je n'ai pas d'autres nouvelles, je ne peux t'**en** dire davantage.
No me mandes más trabajo que hacer, tengo bastante = Ne m'envoie pas davantage de travail à faire, j'**en** ai assez.
*No me cuentes más chistes, conozco bastante****s*** = Ne me raconte pas davantage de plaisanteries, j'**en** connais assez.
¡ Estoy harto ! = J'**en** ai assez !
¡ No puedo más ! = Je n'**en** peux plus !
Lo necesito = J'**en** ai besoin
Se acabó = C'**en** est fait.
Tomarla con alguien = S'**en** prendre à quelqu'un.

4. « Chez »

« Chez » n'existe pas en espagnol, il faut traduire l'idée par « *casa* », précédé de la préposition qui convient au complément de lieu (*a, en, de, por*), et éventuellement d'un adjectif possessif.

S'il n'y a pas de mouvement

En, qui indique le lieu où l'on est, précèdera *casa*.

Estaré ***en casa*** *hasta las dos de la tarde, me puedes llamar si lo necesitas* = Je serai **chez moi** jusqu'à 14 heures, tu peux m'appeler si nécessaire.

¿ Te quedas ***en casa*** *mañana por la mañana ?* = Restes-tu **chez toi** demain matin ?

Trabajó ***en su casa*** *durante toda la semana* = Il a travaillé **chez lui** toute la semaine.

S'il y a mouvement

Selon les cas, *a, de, por*, voire *hacia, hasta, para*... précèderont *casa*.

Durante el verano, voy ***a casa*** *de mis abuelos* = En été, je vais **chez** mes grands-parents.

Te visitaré, pero tengo que salir ***de tu casa*** *a las nueve de la noche* = Je te rendrai visite, mais je dois partir de **chez toi** à vingt et une heures.

Antes de ir al cine, pasaré ***por su*** *casa* = Avant d'aller au cinéma, je passerai **chez eux**.

Piège !

Me marcharé ***de casa*** *el Sábado* = Je partirai de **chez moi** Samedi.
Me marcharé ***de tu casa*** *el Sábado* = Je partirai de **chez toi** Samedi.
Ya hace dos horas que está ***en casa*** = Cela fait déjà deux heures qu'il est **chez lui**./Cela fait déjà deux heures que vous êtes **chez vous**.
Ya hace dos horas que están ***en casa*** = Cela fait déjà deux heures qu'ils sont **chez eux**.
Estamos ***en su casa*** *desde hace un mes* = Nous sommes **chez vous** depuis un mois./Nous sommes **chez lui** depuis un mois./Nous sommes **chez eux** depuis un mois.
Está usted en ***su casa*** = Faites comme **chez vous**.
Entre los españoles... = **Chez** les espagnols...
Es una costumbre ***en*** *él* = C'est une habitude **chez** lui.
En la obra de Lorca... = **Chez** Lorca...

5. « Devenir »

La transformation ne se traduit pas en espagnol par le seul verbe « devenir ». Suivant le type de transformation et la nature du mot qui suit le verbe, plusieurs traductions seront employées.

La transformation est rapide et passagère

Il faut alors employer le verbe *ponerse* devant un adjectif qualificatif.

*Cuando le habló su director, **se puso** toda colorada* = Lorsque son directeur lui a parlé, elle **est devenue** toute rouge.

*Cuando sus hijos gritan demasiado, la madre **se pone** furiosa* = Lorsque ses enfants crient trop, la mère **devient** furieuse.

Me pongo nerviosa si hay mucho tráfico = Je **m'énerve** (devient nerveuse) s'il y a beaucoup de circulation.

Piège !
ponerse malo : tomber malade *ponerse bien* : se rétablir

La transformation est radicale, définitive

Il faut employer le verbe *volverse*, devant **l'adjectif** ou devant **le nom**.

*Ganó el premio gordo en la lotería y **se volvió** rico* = Il a gagné le gros lot à la loterie et **il est devenu** riche.

Ganó el premio gordo en la lotería y ***se volvió*** *un hombre rico* = Il a gagné le gros lot à la loterie et **il est devenu** un homme riche.

Devant **un nom** (uniquement), il est également possible d'employer le verbe *convertirse en*.

Escribió dos novelas y ***se convirtió en*** *el novelista de moda* = Il écrivit deux romans et **il devint** le romancier à la mode.

Después de los Juegos Olímpicos, ***se convitieron en*** *los deportistas más conocidos en el mundo* = Après les Jeux Olympiques, **ils sont devenus** les sportifs les plus connus au monde.

Piège !
¡ Es para ***volverse*** *uno loco !* = Il y a de quoi **devenir** fou. ***Se vuelve*** *a mí y me dice...* = Il **se tourne** vers moi et il me dit... ***Nos volvemos*** *a casa mañana* = Nous **rentrons** chez nous demain.

La transformation est voulue

Il faut employer le verbe *hacerse*, devant **l'adjectif** ou devant **le nom**.

Trabajó día y noche y ***se hizo*** *rico* = Il travailla jour et nuit et **il devint** riche.

Mi abuelo ***se hace*** *viejo* = Mon grand-père **devient** vieux (se fait vieux).

La bruja ***se hizo*** *princesa* = La sorcière **devint** princesse (se fit princesse).

Piège !
¡ No ***te hagas*** *el tonto !* = Ne **fais** pas l'idiot ! ***Se hace*** *el sordo* = Il **fait** le sourd (la sourde oreille). *¡ No* ***te hagas*** *el mártir !* = Ne **joue** pas les martyrs ! *El día* ***se me hace*** *muy largo* = La journée **me semble** longue. *Los minutos* ***se me hacían*** *siglos* = Les minutes **me semblaient** des siècles.

Si l'on veut marquer l'aboutissement

On peut employer les verbes *venir a ser, llegar a ser, acabar por ser*, devant l'adjectif ou le nom.

Un día, la droga le ***vino a ser*** *indispensable...* = Un jour, la drogue lui **devint** indispensable...

Si ***llegas a ser*** *famoso, ya no podrás vivir tranquilo* = Si tu **deviens** célèbre (au bout du compte), tu ne pourras plus vivre tranquille.

Si sigues fumando, ***acabarás por*** *estar enfermo* = Si tu continues à fumer, **tu finiras par** tomber malade.

Récapitulons !
« y » et « en »
La novela promete, comentó ; toma, he comprado otra para ti. (E. Mendoza, *Una comedia ligera*) *(...) busca un asiento próximo a la puerta donde pueda esconder o hacer olvidar su retraso. No lo hay.* (M. Vázquez Montalbán, *Quinteto de Buenos Aires* - CCIP 2000) *Le dirá que está harto de lo que pasa, que está harto de explotadores.* (L. Romero, *Los otros*) *Eliza ofrecía sus servicios en inglés y español, leía las cartas y las contestaba.* (I. Allende, *Hija de la fortuna*)
« chez »
Así es el menor español que decide fugarse de casa... Sólo en Madrid, son casi 800 los adolescentes que anualmente se escapan de casa. (Juanjo Montanary, Cambio 16) *Es muy distinto, eso está a diez minutos de tu casa, estás con tus amigas, hacen una obra de verdadera caridad, y más encima es un trabajo conocido.* (M. Serrano, *Para que no me olvides*)
« devenir »
(...) lo recuerdo muy bien, el pasaporte en regla había llegado a ser símbolo mayor de libertad. (J. Cueto, *El País Semanal*) *Lo políticamente correcto se ha convertido en un factor de mercado.* (J.-M. Martí Font, M. Costa-Pau, *El País*) *¿ Se han fijado lo « chic » que se ha puesto tomar sólo vino blanco en los aperitivos ?* (M. Serrano, *Para que no me olvides*)

6. « On »

Le pronom « on » n'existe pas en espagnol ; plusieurs tournures seront nécessaires pour le traduire, suivant les différents cas d'emploi de ce pronom.

La 3e personne du pluriel

Si « on » représente plusieurs personnes, hormis celui qui parle.

*En España, **comen** a las cuatro de la tarde, en Inglaterra **cenan** a las seis de la tarde (un francés habla de los españoles y los ingleses)* = En Espagne, on déjeune à quatre heures de l'après-midi, en Angleterre on dîne à six heures de l'après-midi.

*Antaño no **utilizaban** los electrodomésticos* = Autrefois, on n'utilisait pas les appareils électroménagers.

Si « on » évoque un fait ponctuel, même si le sujet est singulier.

***Llaman** a la puerta* = On frappe à la porte.

*Ayer le **agredieron** y le **quitaron** el monedero* = Hier, on l'a agressée et on lui a pris son porte-monnaie.

« Se » + la 3e personne du singulier

Pour traduire une généralité, lorsque celui qui parle peut éventuellement être inclus dans « on ».

*Conozco un restaurante barcelonés donde **se come** muy bien* = Je connais un restaurant barcelonais où l'on mange très bien.

*En caso de emergencia **se llama** a los bomberos* = En cas d'urgence, on appelle les pompiers.

Piège !

Le complément d'objet direct français devient sujet du verbe en espagnol, lequel est alors pronominal, d'où l'accord obligatoire à la 3e personne du pluriel.

Se ven árboles *por la ventana* = On voit des arbres par la fenêtre.

Se oyen voces *en el pasillo* = On entend des voix dans le couloir.

Se cosechan las aceitunas *en noviembre* = On récolte les olives en novembre.

Aquí ***se venden periódicos y revistas*** = Ici, on vend des journaux et des revues.

En esta tienda, ***se habla francés*** = Dans cette boutique, on parle français.

« *Uno* », « *una* » + la 3e personne du singulier

Cette tournure est indispensable lorsque le verbe est pronominal, car il est alors impossible d'employer « *se* ».

Uno se interroga *mucho a propósito de los acontecimientos recientes* = On s'interroge beaucoup sur les récents évènements.

Uno se lava *las manos por lo menos cuatro veces al día* = On se lave les mains au moins quatre fois par jour.

Elle est également indispensable lorsqu'il y a deux « on » dans la phrase.

Uno no escucha *lo que* ***se dice*** *en el pueblo* = On n'écoute pas ce que l'on dit dans le village.

Piège !

Cette tournure s'emploie aussi lorsque « on » est l'équivalent de « je » et permet d'exprimer une opinion personnelle de façon cachée. Si « on » est une femme, il se traduit alors par *una*.

Cada vez que ***una se mira*** *en el espejo,* ***se pregunta*** *qué edad parece tener* = Chaque fois que l'on se regarde dans un miroir, on se demande quel âge on semble avoir.

Cuando ***una termina*** *la jornada de trabajo,* ***vuelve*** *a casa muy cansada* = Quand on termine sa journée de travail, on rentre à la maison très fatiguée.

La 1re personne du pluriel

Lorsque « on » signifie « nous », donc lorsque celui qui parle est inclus dans « on ».

*Lo **pasamos** muy bien anoche en el teatro* = On a passé une très bonne soirée au théatre hier.

***Iremos** a oír un concierto cuando **estemos** en Barcelona* = On ira écouter un concert quand on sera à Barcelone.

Piège !
Il est souvent préférable dans ce cas d'employer la première personne du pluriel en français également car « on » appartient au langage familier. *¿ Vamos ?* = On y va ? *¿ Estamos de acuerdo, chicos ?* = On est d'accord, les enfants ?

La 2e personne du singulier

Dans la langue familière en espagnol, « on » se traduit souvent par la 2e personne du singulier. C'est une tournure employée surtout dans le discours direct.

*En Argentina **tienes** un montón de lugares maravillosos que visitar* = En Argentine on a plein de lieux merveilleux à visiter.

Quelques proverbes
*No **se puede** repicar y andar en la procesión* = On ne peut être au four et au moulin. *Por la muestra **se conoce** el paño* = A l'œuvre on connaît l'artisan. *Más moscas **se cogen** con miel que con hiel* = On n'attrape pas les mouches avec du vinaigre. *Donde menos **se piensa** salta la liebre* = Les choses arrivent quand on s'y attend le moins.

Chapitre XV

Les conjugaisons

La plus grande difficulté de la langue espagnole réside sans doute dans les conjugaisons. Pourquoi ? Tout d'abord en raison d'un certain nombre de verbes irréguliers qu'il faut absolument mémoriser sans faille aucune, à tous les temps. Chaque temps a « ses » verbes irréguliers, et un simple accent peut différencier un temps d'un autre (voir le chapitre II). Les fautes de conjugaison conduisent à de très graves contre-sens : erreurs sur la personne (petit rappel : l'espagnol n'emploie pas les pronoms personnels sujets, donc seule la terminaison du verbe indique la personne), discours direct et indirect, situation de l'action dans le temps et chronologie des actions, et bien d'autres encore...

Par ailleurs, l'espagnol emploie tous les temps, y compris le passé-simple et l'imparfait du subjonctif, dans la langue la plus courante. L'enfant qui balbutie ses premiers mots dira « *cayó* » lorsque son jouet tombe à terre, sans se douter... qu'il parle au passé-simple ! L'emploi de chacun des temps correspond à des critères précis qui permettent d'associer différents temps dans la même phrase en repectant la fameuse concordance de temps.

Il convient donc de revoir chaque temps un à un, dans sa conjugaison puis son emploi, et ensuite seulement d'associer les temps en connaissant les règles de la concordance.

1. Le présent de l'indicatif

Trois conjugaisons régulières

Les verbes qui se terminent en « ar », ceux qui se terminent en « er », et ceux qui se terminent en « ir ».

*Cant**ar** : cant**o**, cant**as**, cant**a**, canta**mos**, cant**áis**, cant**an***

*Com**er** : com**o**, com**es**, com**e**, come**mos**, com**éis**, com**en***

*Viv**ir** : viv**o**, viv**es**, viv**e**, vivi**mos**, viv**ís**, viv**en***

Deux pièges !
La terminaison des verbes en « er » et des verbes en « ir » est différente aux deux premières personnes du pluriel : *aprend**emos** - acud**imos***   L'accent écrit de la deuxième personne du pluriel se met sur la voyelle de la **terminaison du verbe** : *habl**ar** : habl**á**is - corr**er** : corr**é**is - sacud**ir** : sacud**í**s*

Des modifications d'orthographe

- Les verbes qui se terminent en « acer », « ecer », « ocer », « ucir » prennent un « z » devant le « c » à la première personne du singulier :

*par**ecer** : pare**z**co*

*cr**ecer** : cre**z**co*

*con**ocer** : cono**z**co*

*cond**ucir** : condu**z**co*

Continuez votre liste :

Il y a quelques exceptions !
mecer : *mezo*

• Les verbes qui se terminent en « cer » et « cir » prennent un « z » à la place du « c » devant le « o » de la première personne du singulier, en raison de la prononciation :

*ven**cer** : ven**zo***
*un**cir** : un**zo***
*espar**cir** : espar**zo***

Continuez votre liste :

• Les verbes qui se terminent en « ger », « gir » transforment le « g » en « j » à la première personne du singulier (pour des raisons de prononciation, toujours prioritaire !) :

*co**ger** : co**jo***
*prote**ger** : prote**jo***
*diri**gir** : diri**jo***
*exi**gir** : exi**jo***
*fin**gir** : fin**jo***

Continuez votre liste :

• Les verbes qui se terminent en « guir » perdent le « u » à la première personne du singulier, toujours pour des raisons de prononciation :

*distin**guir** : distin**go***
*extin**guir** : extin**go***

Continuez votre liste :

• Les verbes qui se terminent en « uir » prennent un « y » devant « o » et « e » :

*h**uir** : hu**yo**, hu**yes**, hu**ye**, ..., hu**yen***
*atrib**uir** : atribu**yo**, atribu**yes**...*
*concl**uir** : conclu**yo**, conclu**yes**...*
*constr**uir** : constru**yo**, constru**yes**...*

Continuez votre liste :

• Les verbes qui se terminent en « quir », « quer », prennent un « c » à la place de « qu » devant le « o » de la première personne du singulier :

*delin**quir** : delin**co***

Notez-les, ils sont très peu nombreux :

• Les verbes qui se terminent en « uar » prennent un accent sur toutes les personnes dont le « u » est accentué toniquement : 1re 2e, 3e du singulier, 3e du pluriel

*sit**uar** : sit**ú**o, sit**ú**as, sit**ú**a, ..., sit**ú**an*
*contin**uar** : contin**ú**o, contin**ú**as, contin**ú**a, ..., contin**ú**an*
*efect**uar** : efect**ú**o, efect**ú**as, efect**ú**a, ..., efect**ú**an*

Continuez votre liste !

Piège !

Cela ne concerne pas les verbes qui se terminent en « guar » et « cuar »
*averi**guar** : averig**uo***
*eva**cuar** : evac**uo***

Continuez votre liste !

• Certains verbes en « iar » prennent un accent sur le « i » des 1re, 2e, 3e personnes du singulier et 3e personne du pluriel :
*env**iar** : envío, envías, envía, ..., env**ían***
*cr**iar** : crío, crías, cría, ..., crían*
*conf**iar** : confío, confías, confía, ..., confían*
*desaf**iar** : desafío, desafías, desafía, ..., desafían*

Continuez votre liste !

Tous ces verbes sont des verbes réguliers qui subissent simplement une modification d'orthographe pour des raisons de phonétique. Il suffit donc de connaître les règles de l'orthographe (chapitre I) et de l'accentuation (chapitre II) pour pouvoir effectuer ces modifications qui seront toujours les mêmes.

Les verbes à diphtongue

Ce sont des verbes qui ont un « e » ou un « o » dans leur radical. S'ils ont plusieurs « e » ou « o » seul le dernier avant la terminaison est pris en compte.

• Le « **e** » devient « **ie** » aux 1re, 2e, 3e personnes du singulier et 3e personne du pluriel.

*Ent**e**nder : ent**ie**ndo*
*ent**ie**ndes*
*ent**ie**nde*
entendemos
entendéis
*ent**ie**nden*

• Le « **o** » devient « ue » aux 1re, 2e, 3e, personnes du singulier et 3e personne du pluriel

*dev**o**lver : dev**ue**lvo*
*dev**ue**lves*
*dev**ue**lve*
devolvemos
devolvéis
*dev**ue**lven*

Ces verbes peuvent se terminer en « ar », « er », « ir ». Rien n'indique que ce sont des verbes à diphtongue lorsqu'ils sont à l'infinitif, il est donc nécessaire d'en faire une liste et de la mémoriser. Voici les plus courants, mais la liste n'est pas exhaustive, il faut la compléter.

Verbes à diphtongue « e » - « ie »	« o » - « ue
acertar	*acordar*
acrecentar	*acostarse*
*al**e**ntar*	*abs**o**lver*
*apr**e**tar*	*alm**o**rzar*
*arr**e**ndar*	*ap**o**star*
*asc**e**nder*	*apr**o**bar*
*as**e**ntar*	*as**o**lar*
*atrav**e**sar*	*averg**o**nzar*
*at**e**nder*	*c**o**lgar*
*cal**e**ntar*	*conm**o**ver*

cegar
cerrar
comenzar
concertar
confesar
defender
desplegar
desterrar
empezar
encender
encerrar
encomendar
enterrar
fregar
helar
gobernar
manifestar
merendar
nevar
perder
pensar
plegar
quebrar
querer
regar
reventar
sembrar
segar
sentar
temblar
tender
trascender
tropezar
verter

consolar
contar
costar
descontar
demostrar
desollar
degollar (üe)
disolver
discordar
doler
encontrar
envolver
llover
mostrar
morder
moler
mover
probar
poblar
poder
recordar
reforzar
renovar
resolver
resonar
rodar
soler
soltar
sonar
soñar
torcer
volar
volver
volcar

Continuez votre liste !

Attention, certains verbes vont subir une modification d'orthographe.

Piège !
*Cocer : **cuezo**, **cueces**, **cuece**, cocemos, cocéis, **cuecen***
*Torcer : **tuerzo**, **tuerces**, **tuerce**, torcemos, torcéis, **tuercen***
*Avergonzar : **avergüenzo**, **avergüenzas**, **avergüenza**, avergonzamos, avergonzáis, **avergüenzan***
*Degollar : **degüello**, **degüellas**, **degüella**, degollamos, degolláis, **degüellan***
*Desosar : **deshueso**, **deshuesas**, **deshuesa**, desosamos, desosáis, **deshuesan***
*Oler : **huelo**, **hueles**, **huele**, olemos, oléis, **huelen***

Un **seul** verbe prend une diphtongue alors qu'il n'a pas de « e » ou de « o » dans le radical. Il s'agit du verbe : *jugar : **juego**, **juegas**, **juega**, jugamos, jugáis, **juegan**.*

Les verbes à changement de voyelle

Ce sont les verbes qui ont un « e » dans le radical. Ce « e » devient « i » aux 1re, 2e, 3e, personnes du singulier et à la 3e personne du pluriel.

*Pedir : **pi**do*
pides
pide
pedimos
pedís
piden

De la même façon que pour les verbes à diphtongue, il faut dresser une liste de ces verbes pour les mémoriser ; rien n'indique lorsqu'ils sont à l'infinitif que ce sont des verbes de ce type. Voici une liste, à compléter au fur et à mesure des rencontres.

Verbes dont le « e » devient « i »	
pedir	*seguir* (et tous ses composés : *perseguir*...)
vestir	*ceñir*
concebir	*corregir*
elegir	*decir* (irrégulier à la 1re personne du sg)
derretir	*medir*
investir	*regir*
repetir	*rendir*
reñir	*teñir*

Complétez la liste :

Certains verbes sont très délicats à conjuguer car ils portent un accent à l'infinitif. D'autres peuvent subir également des modifications d'orthographe.

Piège !

Attention tout spécialement aux verbes *freír*, *reír* et *sonreír*.

Reír : río, ríes, ríe, reímos, reís, ríen

Attention aussi au verbe ***erguir*** ! Il peut avoir deux formes différentes.

*Erguir : irgo ou **ye**rgo*
*irgues ou **ye**rgues*
*irgue ou **ye**rgue*
erguimos
erguís
*irguen ou **ye**rguen*

Attention bien sûr à *seguir*

*Seguir : **sigo**, sigues...*

et à *corregir*

*Corregir : corri**jo**, corriges...*

Les verbes à diphtongue + changement de voyelle

Au présent de l'indicatif, ils suivent la règle des verbes à diphtongue, mais il est important de les différencier tout de suite des verbes à diphtongue pour les conjuguer correctement aux autres temps. Il s'agit de verbes qui ont un « e » dans le radical. Ce « e » devient « ie » ou « i » selon les conjugaisons.

Preferir : prefiero
prefieres
prefiere
preferimos
preferís
prefieren

En voici une liste, à compléter comme les autres.

Verbes à diphtongue et changement de voyelle	
mentir	*sentir*
invertir	*advertir*
concernir	*convertir*
herir	*divertir*
hervir	*asentir*

Deux exceptions : les verbes *morir* et *dormir* suivent la même règle que ces verbes.

Piège !	
dormir	*morir*
sont les seuls verbes à diphtongue et changement de voyelle qui ont un « o » dans le radical.	

Les verbes pronominaux

Leur infinitif se termine par le pronom réfléchi « se ». Ils se conjuguent avec les pronoms réfléchis : « me », « te », « se », « nos », « os », « se ».

*Llamar**se** : **me** llamo*
***te** llamas*
***se** llama*
***nos** llamamos*
***os** llamáis*
***se** llaman*

Attention, un verbe pronominal français n'est pas obligatoirement pronominal en espagnol.

Les verbes irréguliers

Les auxiliaires

Ser : soy, eres, es, somos, sois, son
Piège : il n'y a pas d'accent sur *sois.*

*Estar : estoy, est**á**s, está, estamos, estáis, est**á**n*
Piège : toutes les personnes sont accentuées sauf la 1re du singulier et la 1re du pluriel.

Haber : he, has, ha, hemos, habéis, han
Piège : *haber* n'est employé que comme auxiliaire.

Les verbes en « go »

*Asir : as**go**, ases, ase, asimos, asís, asen*
*decir # : di**go**, dices, dice, decimos, decís, dicen*
*hacer : ha**go**, haces, hace, hacemos, hacéis, hacen*
*poner : pon**go**, pones, pone, ponemos, ponéis, ponen*
*salir : sal**go**, sales, sale, salimos, salís, salen*
tener : ten**go**, tienes, tiene, tenemos, tenéis, tienen*
*valer : val**go**, vales, vale, valemos, valéis, valen*
venir : ven**go**, vienes, viene, venimos, venís, vienen*

Piège : Le verbe satisfacer se conjugue comme le verbe *hacer : satis**fago**, satisfaces...*

*Caer : ca**igo**, caes, cae, caemos, caéis, caen*
*Oír : o**igo**, oyes, oye, oímos, oís, oyen*
*Traer : tra**igo**, traes, trae, traemos, traéis, traen*

Piège : certains verbes ont une diphtongue (*), d'autres un changement de voyelle (#), certains se terminent en « er », d'autres en « ir » donc attention aux terminaisons des 1re et 2e personnes du pluriel.

Les « inclassables »

*Dar : d**oy**, das, da, damos, d**ais**, dan*
*Ir : v**oy**, vas va vamos, v**ais**, van*
Piège : la 2e personne du pluriel ne porte pas d'accent.

*Saber : **sé**, sabes, sabe, sabemos, sabéis, saben*
Piège : ***se*** est pronom réfléchi, ***sé*** est la 1re personne du singulier de *saber* !

*Caber : **quepo**, cabes, cabe, cabemos, cabéis, caben*

*Ver : v**e**o, ves, ve, vemos, veis, ven*
Piège : la 2e personne du pluriel ne porte pas d'accent.

A noter :
Le présent du subjonctif se conjuguera en respectant les irrégularités du présent de l'indicatif. La connaissance parfaite de ces irrégularités permettra donc une découverte rapide de la conjugaison du présent du subjonctif !

L'emploi du présent de l'indicatif en espagnol ne présente aucune difficulté particulière ; l'habitude, l'obligation, la continuité, la progression... qui nécessitent des tournures propres, seront évoquées dans d'autres chapitres.

Quelques belles pages

¡ Qué guapo ***está*** *hoy Platero !* ***Es*** *lunes de Carnaval...*
Platero, indeciso, ***yergue*** *las orejas,* ***alza*** *la cabeza y, como un alacrán cercado por el fuego,* ***intenta****, nervioso, huir por doquiera... Como yo, no* ***quiere*** *nada con los Carnavales... No* ***servimos*** *para estas cosas.* (Juan Ramón Jiménez, *Platero y yo)*

Llega *el revisor.* ***Es*** *un muchacho, un campesino aún con olor a aldea. Nos* ***pide*** *los billetes.* ***Saca*** *una carterita y un lápiz.* ***Escribe****.* ***Hace*** *números torpemente. Nos* ***mira****, serio. Se le* ***cae*** *la cartera. Cuando la* ***coge,*** *ha perdido el lápiz. Lo* ***encuentra*** *en su mismo bolsillo.* ***Vuelve*** *a escribir de nuevo, despacio. Le* ***cuesta*** *tanto,* ***quiere*** *hacerlo tan bien que, al fin, sencillamente, con una naturalidad de animal distraído,* ***se sienta*** *entre nosotros...* ***termina*** *de cumplir su obligación... Después, ya* ***se sonríe****.* (Rafael Alberti, *La arboleda perdida)*

Conservo *de los tres años de la guerra recuerdos de gran nitidez...* ***Recuerdo****, por ejemplo, al Legionario y al Pipiolo... Dicho así,* ***puede*** *sonar frívolo o cínico pero no lo* ***es****... Cuando una* ***está*** *sana y* ***ve*** *la muerte muy de cerca, se* ***disfruta*** *con cosas triviales,* ***te alegras*** *de vivir, sencillamente... Y las muertes* ***se sienten*** *menos porque* ***piensas*** *que tú* ***puedes*** *ser la próxima y no te* ***da*** *tiempo a demorarte en la tristeza.* (Marina Mayoral, *Recóndita armonía)*

2. L'imparfait

Un temps très simple à conjuguer, avec peu de verbes irréguliers. C'est le temps du passé qui sert à exprimer l'action qui se répète, l'action qui dure aussi.

Attention, il ne faut jamais employer l'imparfait de l'indicatif après « *si* » quand la proposition principale est au conditionnel (voir le chapitre sur la concordance des temps).

Deux conjugaisons régulières

Celle des verbes qui se terminent en « ar », et celle des verbes qui se terminent en « er » et « ir », la même pour les deux terminaisons.

*Habl**ar** : habl**aba**, habl**abas**, habl**aba**, habl**ábamos**, habl**abais**, habl**aban***

*Corr**er** : corr**ía**, corr**ías**, corr**ía**, corr**íamos**, corr**íais**, corr**ían***

*Sub**ir** : sub**ía**, sub**ías**, sub**ía**, sub**íamos**, sub**íais**, sub**ían***

Deux pièges !
Les verbes en « ar » prennent un accent sur la 1re personne du pluriel. La 1re et la 3e personnes du singulier se conjuguent de la même façon, il faut donc être très vigilant pour ne pas faire erreur sur le sujet dans une phrase.

Pas de verbes à diphtongue

Ils se conjuguent de façon régulière à l'imparfait.

*Contar : cont**aba**, cont**abas**, cont**aba**, cont**ábamos**, cont**abais**, cont**aban***

*Perder : perd**ía**, perd**ías**, perd**ía**, perd**íamos**, perd**íais**, perd**ían***

Pas de verbes à changement de voyelle

Ils se conjuguent de façon régulière à l'imparfait.
*Seguir : segu**ía**, segu**ías**, segu**ía**, segu**íamos**, segu**íais**, segu**ían***

Pas de verbes à diphtongue + changement de voyelle

Ils se conjuguent de façon régulière à l'imparfait.
*Sentir : sent**ía**, sent**ías**, sent**ía**, sent**íamos**, sent**íais**, sent**ían***

Trois verbes irréguliers

C'est tout !
*Ir : iba, ibas, iba, **í**bamos, ibais, iban*
*Ser : era, eras, era, **é**ramos, erais, eran*
*Ver : **ve**ía, **ve**ías, **ve**ía, **ve**íamos, **ve**íais, **ve**ían*

Piège !
Attention à l'accent écrit de « íbamos » et « **é**ramos » et au **« e »** présent à chaque personne de la conjugaison de « **ver** ».

Aucune modification d'orthographe

Il n'y a aucune nécessité de modification d'orthographe car la conjugaison de l'imparfait fait appel au même groupe de voyelle que la terminaison du verbe à l'infinitif.

Quelques belles pages

La casa ***constaba*** *de tres piezas y un desván.* ***Era*** *la primera, además de corredor y sala, alcoba de los Centenos mayores. En la segunda* ***dormían*** *las dos señoritas, que* ***eran*** *ya mujeres y* ***se llamaban*** *la Mariuca y la Pepina. Tanasio, el primogénito,* ***se agasajaba*** *en el desván, y Celipín, que* ***era*** *el más pequeño de la familia y* ***frisaba*** *en los doce años,* ***tenía*** *su dormitorio en la cocina, la pieza más interna, más remota, más crepuscular, más ahumada, y más inhabitable de las tres que* ***componían*** *la morada Centenil.* (Benito Pérez Galdósn, *Marianela*)

Yo ***era*** *una mujer quemada, llena de llagas por dentro y por fuera, y tu hijo* ***era*** *un poquito de agua de la que yo* ***esperaba*** *hijos, tierra, salud ; pero el otro* ***era*** *un río oscuro, lleno de ramas, que* ***acercaba*** *a mí el rumor de sus juncos y su cantar entre dientes. Y yo* ***corría*** *con tu hijo que* ***era*** *como un niñito de agua fría y el otro me* ***mandaba*** *cientos de pájaros que me* ***impedían*** *el andar y que* ***dejaban*** *escarcha sobre mis heridas de pobre mujer marchita, de muchacha acariciada por el fuego. Yo no* ***quería****...* (Federico García Lorca, *Bodas de sangre*)

Ella ***era*** *la única que no* ***hacía*** *dos observaciones a la vez, así me* ***daba*** *oprtunidad de responder con la cabeza una a una, sin confundirme...*
Estábamos *arropadas, yo* ***concentraba*** *mis pupilas en los colores tierras de la ruana de Sofía. Las* ***escuchaba*** *tratando de participar,* ***hablaban*** *del nuevo gobierno....*
Pía y yo ***éramos*** *parte de casi todas las listas de galerías, tiendas, editoriales. Nos* ***llegaban*** *sobres e invitaciones de todo tipo. A Pía* ***le gustaba*** *asistir, no* ***discernía*** *mucho. Yo la* ***acompañaba****.* (Marcela Serrano, *Para que no me olvides*)

3. Le passé-simple

C'est un temps que l'espagnol utilise très couramment. Impossible de s'en passer ! Il faut l'employer **obligatoirement** lorsque l'action se situe à un moment, précisé ou sous-entendu, du passé déjà écoulé : toute phrase contenant une indication de moment passé (*ayer, anoche, el lunes pasado, en 1492, el año pasado...*) sera au passé-simple. Il est également d'un emploi obligatoire dans une phrase dont le contexte de l'action est au passé. Il sert bien évidemment à exprimer également l'action brève, dans un temps totalement révolu.

Deux conjugaisons régulières

Celle des verbes qui se terminent en « ar » et celle des verbes qui se terminent en « er » et « ir », la même pour les deux terminaisons.

*Llor**ar** : llor**é**, llor**aste**, llor**ó**, llor**amos**, llor**asteis**, llor**aron***

*Preced**er** : preced**í**, preced**iste**, preced**ió**, preced**imos**, preced**isteis**, preced**ieron***

*Escrib**ir** : escrib**í**, escrib**iste**, escrib**ió**, escrib**imos**, escrib**isteis**, escrib**ieron***

Deux pièges !
La 1re personne du pluriel des verbes en « ar » et des verbes en « ir » est la même que la 1re personne du pluriel du présent de l'indicatif : attention au temps de la phrase entière dans laquelle elle se situe ! L'accent est toujours sur la 1re personne du singulier et le « o » de la 3e personne du singulier (*lloro* = « je pleure » et *lloró* = « il pleura » !).

Pas de verbes à diphtongue

Ils se conjuguent de façon régulière au passé-simple.

*Cerrar : cerr**é**, cerr**aste**, cerr**ó**, cerr**amos**, cerr**asteis**, cerr**aron***

*Mover : mov**í**, mov**iste**, mov**ió**, mov**imos**, mov**isteis**, mov**ieron***

Les verbes à changement de voyelle

Ils prennent un « i » à la 3e personne du singulier et à la 3e personne du pluriel.

*Repetir : repet**í***
*repet**iste***
*rep**i**t**ió***
*repet**imos***
*repet**isteis***
*rep**i**t**ieron***

Les verbes à diphtongue + changement de voyelle

Ils se conjuguent comme des verbes à changement de voyelle et prennent donc un « i » à la 3e personne du singulier et à la 3e personne du pluriel.

*Mentir : ment**í***
*ment**iste***
*m**i**nt**ió***
*ment**imos***
*ment**isteis***
*m**i**nt**ieron***

Piège !	
Il ne faut pas oublier *dormir* et *morir* qui eux prennent un « u » à la 3e personne du singulier et à la 3e personne du pluriel.	
Dormir	***Morir***
*dorm**í***	*mor**í***
*dorm**iste***	*mor**iste***
*d**u**rm**ió***	*m**u**r**ió***
*dorm**imos***	*mor**imos***
*dorm**isteis***	*mor**isteis***
*d**u**rm**ieron***	*m**u**r**ieron***

Les modifications d'orthographe

• Les verbes qui se terminent en « car » prennent « qu » à la 1re personne du singulier.

*Sa**car** : sa**qué**, sacaste, sacó, sacamos, sacasteis, sacaron*

• Les verbes qui se terminent en « gar » prennent « gu » à la 1re personne du singulier.

*Car**gar** : car**gué**, cargaste, cargó, cargamos, cargasteis, cargaron*

• Les verbes qui se terminent en « guar » prennent « ü » à la 1re personne du singulier.

*Apaci**guar** : apaci**güé**, apaciguaste, apaciguó, apaciguamos, apaciguasteis, apaciguaron*

• Les verbes qui se terminent en « zar » prennent « c » à la 1re personne du singulier.

*Empe**zar** : empe**cé**, empezaste, empezó, empezamos, empezasteis, empezaron*

• Les verbes qui se terminent en « aer », « eer », « uir » prennent un « y » à la place du « i » à la 3e personne du singulier et à la 3e personne du pluriel.

Caer	*Leer*	*Concluir*
caí	*leí*	*concluí*
caíste	*leíste*	*concluiste*
cayó	*leyó*	*concluyó*
caímos	*leímos*	*concluimos*
caísteis	*leísteis*	*concluisteis*
cayeron	*leyeron*	*concluyeron*

Piège !
Pour des questions de phonétique, les verbes qui se terminent par « aer » et « eer » prennent un accent sur le « i » de la 1re et 2e personnes du singulier et du pluriel.

• Les verbes qui se terminent en « guar » prennent **« ü »** à la 1re personne du singulier.

*Averi**guar** : averi**gü**é, averiguaste, averiguó, averiguamos, averiguasteis, averiguaron*

• Les verbes qui se terminent par « ñir » et « ñer » perdent le « i » de la 3e personne du singulier et du pluriel.

*Gru**ñir** : gruñí, gruñiste, gru**ñó**, gruñimos, gruñisteis, gru**ñeron***

*Ata**ñer** : ata**ñó** (verbe impersonnel)*

• Il en est de même pour les verbes (plus rares) qui se terminent en « llir ».

*Bu**llir** : bullí, bulliste, bu**lló**, bullimos, bullisteis, bu**lleron***

Les verbes irréguliers

• Les verbes en « i »

Hacer : hice, hiciste, hizo, hicimos, hicisteis, hicieron

Venir : vine, viniste, vino, vinimos, vinisteis, vinieron

Querer : quise, quisiste, quiso, quisimos, quisisteis, quisieron

Piège !
Le verbe « satisfacer » se conjugue comme le verbe « hacer » : *Satisfacer : satisfice, satisficiste, satisfizo, satisficimos, satisficisteis, satisficieron*

• Les verbes en « u »

Andar : anduve, anduviste, anduvo, anduvimos, anduvisteis, anduvieron

Caber : cupe, cupiste, cupo, cupimos, cupisteis, cupieron

Estar : estuve, estuviste, estuvo, estuvimos, estuvisteis, estuvieron

Haber : hube, hubiste, hubo, hubimos, hubisteis, hubieron

Poder : pude, pudiste, pudo, pudimos, pudisteis, pudieron

Poner : puse, pusiste, puso, pusimos, pusisteis, pusieron

Saber : supe, supiste, supo, supimos, supisteis, supieron

Tener : tuve, tuviste, tuvo, tuvimos, tuvisteis, tuvieron

• *Ser* et *ir* ont la même conjugaison

Ser : fui, fuiste, fue, fuimos, fuisteis, fueron

Ir : fui, fuiste, fue, fuimos, fuisteis, fueron

• *Decir, traer* et tous les verbes qui se terminent en « ducir » prennent un « j »

Decir : dije, dijiste, dijo, dijimos, dijisteis, dijeron

Traer : traje, trajiste, trajo, trajimos, trajisteis, trajeron

Producir : produje, produjiste, produjo, produjimos, produjisteis, produjeron

Piège : ces verbes ne prennent pas de « i » après le « j » à la 3e personne du pluriel.

Bien sûr, tous les composés de ces mêmes verbes se conjuguent de la même façon (*proponer, suponer, imponer...*).

Piège !
Les verbes irréguliers ne portent **aucun accent** au passé simple ! Attention cela concerne uniquement les verbes irréguliers cités ci-dessus. Les autres (à diphtongue....) ne sont pas des verbes irréguliers. Les verbes *dar* et *ver* ne prennent pas d'accent non plus car ils n'ont qu'une syllabe. *Dar : di, diste, d**io**, dimos, disteis, dieron* *Ver : vi, viste, v**io**, vimos, visteis, vieron*

Il faut noter que l'imparfait du subjonctif se conjugue à partir de la 3e personne du pluriel du passé-simple, donc connaître les verbes irréguliers du passé-simple permet de connaître ceux de l'imparfait du subjonctif.

Quelques belles pages

Durante el fin de semana los gallinazos ***se metieron*** *por los balcones de la casa presidencial,* ***destrozaron*** *a picotazos las mallas de alambre de las ventanas y* ***removieron*** *con sus alas el tiempo estancado en el interior, y en la madrugada del lunes la ciudad* ***despertó*** *de su letargo de siglos con una tibia y tierna brisa de muerto grande y de podrida grandeza. Sólo entonces* ***nos atrevimos*** *a entrar...* ***Fue*** *como penetrar en el ámbito de otra época...* (Gabriel García Márquez, *El otoño del patriarca*)

Luis Cervantes, pues, ***se hizo*** *acreedor a la confianza de la tropa.* ***Hubo*** *soldados que le* ***hicieron*** *confidencias temerarias. Uno, muy serio, y que se distinguía por su temperancia y retraimiento, le* ***dijo*** *: « Yo soy carpintero ; tenía mi madre, una vieja clavada en su silla por el reumatismo desde hacía diez años. A medianoche me* ***sacaron*** *de mi casa tres gendarmes ;* ***amanecí*** *en el cuartel y* ***anochecí*** *a doce leguas de mi pueblo... Hace un mes* ***pasé*** *por allí con la tropa...* (Mariano Azuela, *Los de abajo*)

Fue *Armando quien* ***quebró*** *la tirantez con su chiste ; el de las monjitas. Él había creído que ella no le oía, pero Carmen le* ***oyó****, e independientemente de ella, Moyano, desde su palidez lechosa, con el rostro enmarcado por una negra y sedosa barba rabínica, le* ***censuró*** *con una acre mirada muda. Pero ya nada* ***volvió*** *a ser tan tenso como antes... « Cuando me lo* ***dijeron*** *no podía creerlo. Si le* ***vi*** *ayer »... « Anoche* ***cenó*** *como si tal cosa y* ***leyó*** *hasta las tantas ».* (Miguel Delibes, *Cinco horas con Mario*)

4. Le futur

Il faut noter que le futur ne s'emploie pas obligatoirement dans les mêmes conditions qu'en français. En particulier, l'espagnol n'emploie **jamais** le futur dans **les subordonnées temporelles**, introduites par *cuando, en cuanto, tan pronto como*, etc. Ce point sera traité dans le chapitre sur les concordances de temps. Il peut être employé pour évoquer la probabilité (***serán*** *las ocho* = il doit être huit heures).

Sa conjugaison est relativement simple ; elle se construit sur l'infinitif du verbe, auquel on ajoute les terminaisons **accentuées** (sauf à la 1re personne du pluriel) du présent de l'indicatif de l'auxiliare *haber* : *é, ás, á, emos, éis, án*.

Une seule conjugaison régulière

*Borr**ar** : borrar**é**, borrar**ás**, borrar**á**, borrar**emos**, borrar**éis**, borrar**án***

*Aprend**er** : aprender**é**, aprender**ás**, aprender**á**, aprender**emos**, aprender**éis**, aprender**án***

*Discut**ir** : discutir**é**, discutir**ás**, discutir**á**, discutir**emos**, discutir**éis**, discutir**án***

Aucun piège mais il faut penser à toujours écrire le verbe à l'infinitif avant de le conjuguer au futur.

Aucune modification d'orthographe

Ce qui se justifie pas le fait de conjuguer le futur à partir de l'infinitif du verbe (le « r » ne change de son devant aucune voyelle).

Pas de verbes à diphtongue

Ils se conjuguent de façon régulière au futur (l'infinitif ne prend jamais de diphtongue, donc... en toute logique le futur ne peut en avoir !).

*Fregar : fregar**é**, fregar**ás**, fregar**á**, fregar**emos**, fregar**éis**, fregar**án***
*M**o**rder : morder**é**, morder**ás**, morder**á**, morder**emos**, morder**éis**, morder**án***

Pas de verbes à changement de voyelle

Ils se conjuguent de façon régulière au futur, pour les mêmes raisons que les verbes à diphtongue.

*M**e**dir : medir**é**, medir**ás**, medir**á**, medir**emos**, medir**éis**, medir**án***

Pas de verbes à diphtongue + changement de voyelle

Ils se conjuguent de façon régulière au futur, toujours pour les mêmes raisons.

*Div**e**rtir : divertir**é**, divertir**ás**, divertir**á**, divertir**emos**, divertir**éis**, divertir**án***

Les verbes irréguliers

- Les verbes en « dré »

*Poder : po**dré**, po**drás**, po**drá**, po**dremos**, po**dréis**, po**drán***
*Poner : pon**dré**, pon**drás**, pon**drá**, pon**dremos**, pon**dréis**, pon**drán***
*Salir : sal**dré**, sal**drás**, sal**drá**, sal**dremos**, sal**dréis**, sal**drán***
*Tener : ten**dré**, ten**drás**, ten**drá**, ten**dremos**, ten**dréis**, ten**drán***

*Valer : val**dré**, val**drás**, val**drá**, val**dremos**, val**dréis**, val**drán***
*Venir : ven**dré**, ven**drás**, ven**drá**, ven**dremos**, ven**dréis**, ven**drán***

• Les verbes en « bré »
*Caber : ca**bré**, ca**brás**, ca**brá**, ca**bremos**, ca**bréis**, ca**brán***
*Haber : ha**bré**, ha**brás**, ha**brá**, ha**bremos**, ha**bréis**, ha**brán***
*Saber : sa**bré**, sa**brás**, sa**brá**, sa**bremos**, sa**bréis**, sa**brán***

• Les verbes en « ré »
*Hacer : ha**ré**, ha**rás**, ha**rá**, ha**remos**, ha**réis**, ha**rán***
*Decir : di**ré**, di**rás**, di**rá**, di**remos**, di**réis**, di**rán***

Piège !
Le verbe « satisfacer » se conjugue comme le verbe *hacer* : *Satisfacer : satis**faré**, satis**farás**, satis**fará**, satis**faremos**, satis**faréis**, satis**farán***

• Un « inclassable »
*Querer : que**rré**, que**rrás**, que**rrá**, que**rremos**, que**rréis**, que**rrán***

Piège !
Haber et *hacer* ont des formes très proches : il faut noter que *haber* conserve son « b » pour ne pas faire de confusions. *Poner* et *poder* ont des formes très proches : il faut noter que *poner* conserve son « n » pour ne pas faire de confusions.

Les verbes irréguliers au conditionnel sont les mêmes que ceux du futur. La connaissance des irréguliers du futur implique donc celle des irréguliers du conditionnel.

Quelques belles pages

En cuanto terminen los del Juzgado ***volverá*** *a entrar y* ***se sentará*** *al lado de la cama... Así* ***podrá*** *vigilar por si se le ocurre algo y, sobre todo,* ***estará*** *haciéndole compañía. Allí sentada, nadie la* ***molestará****.* ***Podrá*** *quedarse hasta que venga el médico. Y le* ***cogerá*** *la mano, y se la* ***acariciará****, porque como él está sin sentido apenas,* ***no se dará*** *cuenta.* (Luis Romero, *Los otros*)

Compadre,
ya me ***pedirás*** *perdón,*
ya ***comerás*** *de mi ajiaco,*
y me ***darás*** *la razón,*
ya me ***golpearás*** *el cuero,*
ya ***bailarás*** *a mi voz,*
ya ***pasearemos*** *del brazo,*
ya ***estarás*** *donde yo estoy :*
ya ***vendrás*** *de abajo arriba,*
¡ que aquí el más alto soy yo ! (Nicolás Guillén, *Sóngoro cosongo*)

Como tengo el pelo blanco crees que no puedo tener crías, y sí, crías y crías y crías. Este niño ***tendrá*** *el pelo blanco, y* ***tendrá*** *otro niño y éste otro, y todos con el pelo de nieve,* ***seremos*** *como las olas, una y otra y otra. Luego* ***nos sentaremos*** *todos y todos* ***tendremos*** *el cabello blanco y* ***seremos*** *espuma.* (Federico García Lorca, *La casa de Bernarda Alba*)

5. Le conditionnel

Tout comme le futur, il ne s'emploie jamais dans les subordonnées de temps ou après certaines expressions qui expriment le doute (voir chapitre sur les concordances de temps). Il peut également indiquer la probabilité, dans le passé (*serían las ocho* = il devait être huit heures).

Sa conjugaison se construit aussi sur l'infinitif du verbe, auquel il faut ajouter les terminaisons des verbes en « er » et « ir » à l'imparfait : *ía, ías, ía, íamos, íais, ían*.

Piège !
Il faut surtout écrire l'infinitif du verbe avant de le conjuguer au conditionnel car le risque est grand d'écrire un imparfait au lieu d'un conditionnel : *recurrir* = *recurr**ía*** à l'imparfait et *recurr**iría*** au conditionnel. La 1re et la 3e personne du singulier ont la même conjugaison, donc attention au sujet dans une phrase !

Une seule conjugaison régulière

*Call**ar** : callar**ía**, callar**ías**, callar**ía**, callar**íamos**, callar**íais**, callar**ían***

*Cos**er** : coser**ía**, coser**ías**, coser**ía**, coser**íamos**, coser**íais**, coser**ían***

Aucun piège particulier si ce n'est celui de la confusion avec l'imparfait, déjà signalée.

Aucune modification d'orthographe

Ce qui se justifie par le fait de conjuguer le conditionnel à partir de l'infinitif.

Pas de verbes à diphtongue

Ils se conjuguent de façon régulière au conditionnel (l'infinitif ne prend jamais de diphtongue, donc le conditionnel ne peut en prendre).

*Pensar : pensar**ía**, pensar**ías**, pensar**ía**, pensar**íamos**, pensar**íais**, pensar**ían***

*Dis**o**lver : dis**o**lver**ía**, dis**o**lver**ías**, dis**o**lver**ía**, dis**o**lver**íamos**, dis**o**lver**íais**, dis**o**lver**ían***

Pas de verbes à changement de voyelle

Ils se conjuguent de façon régulière au conditionnel, pour les mêmes raisons que les verbes à diphtongue.

*Regir : **regiría**, **regirías**, **regiría**, **regiríamos**, **regiríais**, **regirían***

Pas de verbes à diphtongue + changement de voyelle

Ils se conjuguent de façon régulière au conditionnel, toujours pour les mêmes raisons.

*Herir : **heriría**, **herirías**, **heriría**, **heriríamos**, **heriríais**, **herirían***

Les verbes irréguliers

Ce sont les mêmes que les verbes irréguliers du futur.

- Les verbes en « dría »

*Poder : po**dría**, po**drías**, po**dría**, po**dríamos**, po**dríais**, po**drían***
*Poner : pon**dría**, pon**drías**, pon**dría**, pon**dríamos**, pon**dríais**, pon**drían***
*Salir : sal**dría**, sal**drías**, sal**dría**, sal**dríamos**, sal**dríais**, sal**drían***
*Tener : ten**dría**, ten**drías**, ten**dría**, ten**dríamos**, ten**dríais**, ten**drían***
*Valer : val**dría**, val**drías**, val**dría**, valdr**íamos**, val**dríais**, val**drían***
*Venir : ven**dría**, ven**drías**, ven**dría**, ven**dríamos**, ven**dríais**, ven**drían***

- Les verbes en « bría »

*Caber : ca**bría**, ca**brías**, ca**bría**, ca**bríamos**, ca**bríais**, ca**brían***
*Haber : ha**bría**, ha**brías**, ha**bría**, ha**bríamos**, ha**bríais**, ha**brían***
*Saber : sa**bría**, sa**brías**, sa**bría**, sa**bríamos**, sa**bríais**, sa**brían***

- Les verbes en « ría »

*Decir : di**ría**, di**rías**, di**ría**, di**ríamos**, di**ríais**, di**rían***
*Hacer : ha**ría**, ha**rías**, ha**ría**, ha**ríamos**, ha**ríais**, ha**rían***

Piège !
Le verbe *satisfacer* se conjugue comme le verbe « hacer » : *Satisfacer : satis**faría**, satis**farías**, satis**faría**, satis**faríamos**, satis**faríais**, satis**farían***

- Un « inclassable »

*Querer : que**rría**, que**rrías**, que**rría**, que**rríamos**, que**rríais**, que**rrían***

Piège !

Mêmes risques de confusion entre *haber* et *hacer* et entre *poder* et *poner* qu'au futur. Attention au « b » de *haber* et au « n » de *poner* !
Le conditionnel est parfois remplacé par l'imparfait, mais il s'agit alors d'un conditionnel passé.

Quelques belles pages

Si tú vinieras, Platero, con los demás niños, a la miga, ***aprenderías*** *el a, b, c, y* ***escribirías*** *palotes.* ***Sabrías*** *tanto como el burro de las Figuras de cera... más que el médico y el cura de Palos, Platero... ¿ En qué silla* ***te ibas a sentar*** *tú, en qué mesa* ***ibas*** *tú a escribir, qué cartilla ni qué pluma te* ***bastarían****, en qué lugar del corro* ***ibas a cantar****, di, el Credo ? No. Doña Domitila... te* ***tendría****, a lo mejor, dos horas de rodillas en un rincón del patio de los plátanos, o te* ***daría*** *con su larga caña seca en las manos, o* ***se comería*** *la carne de membrillo de tu merienda, o te* ***pondría*** *un papel ardiendo bajo el rabo...* (Juan Ramón Jiménez, *Platero y yo*)

(...) y Mosén Millán queriendo cortar el diálogo aseguró que de un momento a otro el agonizante ***moriría*** *y* ***subiría*** *al cielo donde* ***sería*** *feliz... Paco...* ***iría*** *de parte de Mosén Millán y así nadie se* ***negaría****.* (Ramón J. Sender, *Réquiem por un campesino español*)

Me explicó que si alguna vez fallasen los oídos, no ***sería*** *tan grave, poco me* ***perdería****, todo lo que valía escuchar se había escrito y lo* ***rescataría*** *con mis ojos. Me dijo que si alguna vez fallase la voz, no* ***sería*** *el fin. Recibiría el sonido exterior sin devolverlo y nadie lo* ***echaría*** *en falta menos yo... Que cuidara mis ojos. Sólo con ellos* ***podría*** *leer. Sólo ellos me* ***salvarían*** *de la soledad.* (Marcela Serrano, *Para que no me olvides*)

6. Les temps composés

Un seul auxiliaire

Tous les verbes se conjuguent avec l'auxiliaire *haber* aux temps composés. Celui-ci est conjugué :
- au présent de l'indicatif pour le passé composé ;
- à l'imparfait pour le plus-que-parfait ;
- au passé-simple pour le passé antérieur ;
- au futur pour le futur antérieur ;
- au conditionnel pour le conditionnel passé.

Piège !	
He venido : je suis venu(e)	*Hemos quedado* : nous sommes restés
Has salido : tu es sorti(e)	*Habéis llegado* : vous êtes arrivés
Ha subido : elle est montée	*Han bajado* : elles sont montées

Un seul accord du participe passé

Le participe passé des verbes en « ar » se construit avec le radical + *« ado ». Cant**ar** : cant**ado***

Le participe passé des verbes en « er » se construit avec le radical + *« ido ». Corr**er** : corr**ido***

Le participe passé des verbes en « ir » se construit avec le radical + *« ido ». Suf**rir** : suf**rido***

Ce participe passé est **absolument invariable !**

Il existe quelques participes passés irréguliers, qui sont également toujours invariables.

Abrir : abierto

Cubrir : cubierto (et descubrir : descubierto)
Morir : muerto
Escribir : escrito (et describir : descrito)
Romper : roto
Volver : vuelto (et devolver : devuelto, envolver : envuelto)
Resolver : resuelto (et disolver : disuelto, absolver : absuelto)
Poner : puesto (et proponer : propuesto, disponer, imponer, suponer, etc.)
Ver : visto
Decir : dicho
Hacer : hecho (et deshacer : deshecho)
Imprimir : impreso
Ainsi que tous leurs composés.

Faites-en une liste au fur et à mesure que vous les rencontrez :

Piège !

*El cura nos ha **bendecido** con agua **bendita.***
*Han **maldecido** de todos a lo largo de toda la discusión.*
Employés comme adjectifs, ces participes passés ont un sens différent :
*aburrido : Este libro es muy **aburrido*** (= ce livre est très **ennuyeux**)
*cansado : Es un trabajo **cansado*** (= c'est un travail **fatigant**)
*callado : ¡ Qué chico tan **callado** !* (= quel enfant **silencieux** !)

Rien ne sépare jamais le participe passé de l'auxiliaire

Aucun élément ne doit apparaître entre l'auxiliaire et le participe passé. Selon les cas, l'adverbe peut se placer avant ou après l'ensemble auxiliaire + participe passé.

Piège !
Hemos comido ***demasiado*** = Nous avons **trop** mangé. *Has trabajado* ***muy mal*** = Tu as **très mal** travaillé. ***Muchas veces*** *había pensado que…* = J'avais **souvent** pensé que…

L'emploi des temps composés

Le passé composé s'emploie moins qu'en français puisque l'espagnol emploie le passé-simple là où le français emploie souvent le passé composé. Il ne peut être utilisé que dans une phrase où l'action évoquée se situe dans un temps qui n'est pas encore totalement écoulé, ou si le récit est au présent de l'indicatif.

Hoy he mirado *una película muy interesante.*

Este año no hemos ido *mucho al cine.*

He descansado *y me* ***parece*** *que ahora* ***puedo*** *empezar de nuevo a trabajar.*

Ha leído *Usted una novela muy larga ya que el viaje* ***dura*** *varias horas.*

Les autres temps composés s'emploient essentiellement dans les subordonnées de temps, mais l'espagnol les remplace par des temps simples chaque fois que possible, car les temps composés sont des tournures lourdes.

Piège !

Il ne faut pas employer de temps composé mais l'infinitif après *tras, después de* :

Tras mirar *una película, se fue a pasear* = **Après avoir regardé** un film, elle est allée se promener.

Después de entregar *el expediente, salieron de vacaciones a Perú* = **Après avoir remis** le dossier, ils sont partis en vacances au Pérou.

Quelques belles pages

Sé que esta solidaridad ***ha sido*** *posible porque muchos de ustedes* ***se han puesto*** *un día a pensar en plural para aportar espacios de libertad y de justicia en nuestra sociedad... En la etapa actual,* ***se han elegido*** *tres países de horizontes políticos y situaciones tan diferentes como Argentina, Polonia y Sudáfrica... Otras organizaciones internacionales hermanas de probada eficacia* ***han contribuido*** *a ayudarnos en la información sobre los organismos a los que se dirige la ayuda... La comunicación musical y el diálogo sencillo* ***han hecho*** *emerger muchas veces en los públicos más diversos, la confianza en que la justicia y la dignidad para todos son posibles.* (Miguel Ángel Estrella, *Música para la esperanza*)

Mi primera novela ***había desafiado*** *la censura circulando de mano en mano en fotocopias hasta que pudo entrar por la puerta ancha a las librerías... Después supe que un periodista amigo* ***había anunciado*** *mi llegada por la radio y la visita discreta que* ***había planeado*** *se convirtió en noticia. Por hacerme una broma, también publicó que* ***me había casado*** *con un millonario de Texas ...* (Isabel Allende, *Paula*)

Ya ***había salido*** *el sol cuando Joan Sicart entró en la Iglesia de San Severo que es barroca y de dimensiones regulares.... Claro que le* ***he dado*** *las garantías de seguridad y que él hasta ahora* ***ha cumplido*** *siempre su palabra, se decía, pero, ¿ desde cuándo me importan a mí estas cuestiones de honor ? Toda la vida* ***he sido*** *un bergante y a esas alturas me asaltan los escrúpulos, ¡ bah !* (Eduardo Mendoza, *La ciudad de los prodigios*)

7. Le présent du subjonctif

Deux conjugaisons régulières

Celle des verbes qui se terminent en « ar », et celle des verbes qui se terminent en « er » et « ir », la même pour les deux terminaisons.

*Salt**ar** : salt**e**, salt**es**, salt**e**, salt**emos**, salt**éis**, salt**en***

*Emprend**er** : emprend**a**, emprend**as**, emprend**a**, emprend**amos**, emprend**áis**, emprend**an***

*Abr**ir** : abr**a**, abr**as**, abr**a**, abr**amos**, abr**áis**, abr**an***

Piège !
L'accent : tout comme au présent de l'indicatif, il se met sur la deuxième personne du pluriel, mais attention : jamais sur le « i » ! La conjugaison de la première et de la troisième personne du singulier (donc de la personne *usted* également) est la même, il faut donc être très attentif au sujet, pour éviter les confusions.

Des modifications d'orthographe

Très nombreuses, car la conjugaison du présent du subjonctif se fait en « croisant » les terminaisons par rapport à l'infinitif : « ***ar*** » : terminaisons en « ***e*** », « ***er*** » et « ***ir*** » : terminaisons en « **a** ». Ces deux groupes de voyelles entraînent des prononciations de consonnes différentes, il sera donc nécessaire de modifier la consonne pour conserver la même prononciation (toujours prioritaire !)

• Les verbes qui se terminent en « acer », « ecer », « ocer », « ucir », prennent un « z » devant le « c » à toutes les personnes.

*Par**ecer** : pare**z**ca, pare**z**cas, pare**z**ca, pare**z**camos, pare**z**cáis, pare**z**can*

*Cr**ecer** : cre**z**ca, cre**z**cas, cre**z**ca, cre**z**camos, cre**z**cáis, cre**z**can*

*Con**ocer** : cono**z**ca, cono**z**cas, cono**z**ca, cono**z**camos, cono**z**cáis, cono**z**can*

*Cond**ucir** : condu**z**ca, condu**z**cas, condu**z**ca, condu**z**camos, condu**z**cáis, condu**z**can*

Continuez votre liste :

Piège !
Il y a quelques exceptions ! *Mecer : me**za**, me**zas**, me**za**, me**zamos**, me**záis**, me**zan***

• Les verbes qui se terminent en « cer » et « cir » prennent un « z » à la place du « c » à toutes les personnes.

*Ven**cer** : ven**za**, ven**zas**, ven**za**, ven**zamos**, ven**záis**, ven**zan***

*Un**cir** : un**za**, un**zas**, un**za**, un**zamo**s, un**záis**, un**zan***

*Espar**cir** : espar**za**, espar**zas**, espar**za**, espar**zamos**, espar**záis**, espar**zan***

Continuez votre liste :

• Les verbes qui se terminent en « car » prennent « qu » à toutes les personnes.

*Sa**car** : sa**q**ue, sa**q**ues, sa**q**ue, sa**q**uemos, sa**q**uéis, sa**q**uen*
*Apar**car** : apar**q**ue, apar**q**ues, apar**q**ue, apar**q**uemos, apar**q**uéis, apar**q**uen*
*Desta**car** : desta**q**ue, desta**q**ues, desta**q**ue, desta**q**uemos, desta**q**uéis, desta**q**uen*

Continuez votre liste :

• Les verbes qui se terminent en « *zar* » prennent un « c » à toutes les personnes.

*Re**zar** : re**c**e, re**c**es, re**c**e, re**c**emos, re**c**éis, re**c**en*
*Tra**zar** : tra**c**e, tra**c**es, tra**c**e, tra**c**emos, tra**c**éis, tra**c**en*
*Generali**zar** : generali**c**e, generali**c**es, generali**c**e, generali**c**emos, generali**c**éis, generali**c**en*

Continuez votre liste :

• Les verbes qui se terminent en « ger » et « gir » transforment le « g » en « j » à toutes les personnes.

*Co**ger** : co**j**a, co**j**as, co**j**a, co**j**amos, co**j**áis, co**j**an*
*Prote**ger** : prote**j**a, prote**j**as, prote**j**a, prote**j**amos, prote**j**áis, prote**j**an*

*Diri**gir** : diri**j**a, diri**j**as, diri**j**a, diri**j**amos, diri**j**áis, diri**j**an*
*Exi**gir** : exi**j**a, exi**j**as, exi**j**a, exi**j**amos, exi**j**áis, exi**j**an*
*Fin**gir** : fin**j**a, fin**j**as, fin**j**a, fin**j**amos, fin**j**áis, fin**j**an*

Continuez votre liste :

• Les verbes qui se terminent en « guir » perdent le « u » à toutes les personnes.

Distin**guir** : distin**ga**, distin**gas**, distin**ga**, distin**gamos**, distin**gáis**, distin**gan**
Extin**guir** : extin**ga**, extin**gas**, extin**ga**, extin**gamos**, extin**gáis**, extin**gan**

Continuez votre liste :

• Les verbes qui se terminent en « gar » prennent un « u » à toutes les personnes.

*Car**gar** : car**gu**e, car**gu**es, car**gu**e, car**gu**emos, car**gu**éis, car**gu**en*
*Apa**gar** : apa**gu**e, apa**gu**es, apa**gu**e, apa**gu**emos, apa**gu**éis, apa**gu**en*
*Entre**gar** : entre**gu**e, entre**gu**es, entre**gu**e, entre**gu**emos, entre**gu**éis, entre**gu**en*

Continuez votre liste :

• Les verbes qui se terminent en « uir » prennent un « y » à toutes les personnes.

*H**uir** : hu**ya**, hu**yas**, hu**ya**, hu**yamos**, hu**yáis**, hu**yan***
*Atrib**uir** : atribu**ya**, atribu**yas**, atribu**ya**, atribu**yamos**, atribu**yáis**, atribu**yan***
*Concl**uir** : conclu**ya**, conclu**yas**, conclu**ya**, conclu**yamos**, conclu**yáis**, conclu**yan***
*Constr**uir** : constru**ya**, constru**yas**, constru**ya**, constru**yamos**, constru**yáis**, constru**yan***

Continuez votre liste :

• Les verbes qui se terminent en « quir » et « quer » prennent un « c » à la place de « qu » à toutes les personnes.

*Delin**quir** : delin**ca**, delin**cas**, delin**ca**, delin**camos**, delin**cáis**, delin**can***

Notez-les, ils sont très peu nombreux :

• Les verbes qui se terminent en « uar » prennent un accent sur toutes les personnes dont le « u » est accentué toniquement : 1re, 2e, 3e du singulier, 3e du pluriel.

*Sit**uar** : sit**ú**e, sit**ú**es, sit**ú**e, ..., sit**ú**en*

*Contin**uar** : continúe, continúes, continúe, ..., continúen*
*Efect**uar** : efectúe, efectúes, efectúe, ..., efectúen*

Continuez votre liste :

Piège !
Les verbes qui se terminent en « guar » prennent « ü » !
*Aveɾi**guar** : averigüe, averigües, averigüe, averigüemos, averigüéis, averigüen*
*Apaci**guar** : apacigüe, apacigües, apacigüe, apacigüemos, apacigüéis, apacigüen*

• Certains verbes qui se terminent en « iar » prennent un accent sur le « i » des 1re, 2e, 3e , personnes du singulier et 3e perszonne du pluriel.

*Env**iar** : envíe, envíes, envíe, enviemos, enviéis, envíen*
*Cr**iar** : críe, críes, críe, ..., críen*
*Conf**iar** : confíe, confíes, confíe, ..., confíen*
*Desaf**iar** : desafíe, desafíes, desafíe, ..., desafíen*

Continuez votre liste :

Tous ces verbes sont des verbes réguliers qui subissent simplement une modification d'orthographe pour des raisons de phonétique. Il suffit donc de connaître les règles de l'orthographe (chapitre I) et de l'accentuation (chapitre II) pour pouvoir effectuer ces modifications qui seront toujours les mêmes.

Les verbes à diphtongue

Ce sont des verbes qui ont un « e » ou un « o » dans leur radical, et qui, de la même façon qu'au présent de l'indicatif, transforment ce « e » en « ie », aux 1re, 2e, 3e personnes du singulier et à la 3e personne du pluriel.

*Enc**e**nder : enc**ie**nda*
*enc**ie**ndas*
*enc**ie**nda*
encendamos
encendáis
*enc**ie**ndan*

... et ce « o » en « ue » aux 1re, 2e, 3e personnes du singulier et à la 3e personne du pluriel.

*C**o**ntar : **cue**nte*
***cue**ntes*
***cue**nte*
contemos
contéis
***cue**nten*

Les verbes à diphtongue sont bien évidemment ceux cités dans le chapitre sur le présent de l'indicatif. Lorsqu'un verbe prend une diphtongue, on la trouve au présent de l'indicatif, au présent du subjonctif (aux mêmes personnes) et, nous le verrons au chapitre suivant, à l'impératif.

Les verbes à diphtongue subissent les mêmes modifications d'orthographe que les autres verbes. Ils peuvent nécessiter parfois plusieurs modifications.

*Emp**ezar** : emp**ie**ce, emp**ie**ces, emp**ie**ce, empecemos, empecéis, emp**ie**cen*

Piège !
Si la diphtongue « ue » est placée après un « g », elle devient « **üe** » *Aver**gonzar** : aver**güence**, aver**güences**, aver**güence**, avergon**c**emos, avergon**c**éis, aver**güencen*** **Notez les verbes qui subissent cette modification !**

Le verbe *jugar*, prend une diphtongue et subit une modification d'orthographe.

***Jugar** : **juegu**e, **juegu**es, **juegu**e, ju**gu**emos, ju**gu**éis, **juegu**en*

Les verbes à changement de voyelle

Ce sont les mêmes qu'au présent de l'indicatif. Le « e » de leur radical se transforme en « i » à toutes les personnes.

*Pedir : p**i**da*
*p**i**das*
*p**i**da*
*p**i**damos*
*p**i**dáis*
*p**i**dan*

Ils subissent également les mêmes modifications d'orthographe que les autres verbes.

Seguir *:* ***sig****a,* ***sig****as,* ***sig****a,* ***sig****amos,* ***sig****áis,* ***sig****an*
*Corr****egir*** *: corr****ij****a, corr****ij****as, corr****ij****a, corr****ij****amos, corr****ij****áis, corr****ij****an*
*El****egir*** *: el****ij****a, el****ij****as, el****ij****a, el****ij****amos, el****ij****áis, el****ij****an*

Notez les verbes qui subissent ces modifications :

Piège !
Toujours les verbes *freír, reír et sonreír* ! *Reír : ría, rías, ría, riamos, riáis, rían*

Les verbes à diphtongue + changement de voyelle

Au présent du subjonctif, ces verbes transforment le « e » en « ie » aux 1re, 2e, 3e, personnes du singulier et à la 3e personne du pluriel, et transforment le « e » en « i » aux 2e et 3e personnes du pluriel.

Sentir : ***sie****nta*
sie*ntas*
sie*nta*
si*ntamos*
si*ntáis*
sie*ntan*

Piège !

Attention aux deux verbes déjà signalés : *morir* et *dormir* qui suivent la règle des verbes à diphtongue + changement de voyelle, alors que leur radical comprend un « o » et non un « e ». Ce « o » se transforme en « ue » aux 1re , 2e, 3e personnes du singulier et à la 3e personne du pluriel, et en « u » aux 2e et 3e personnes du pluriel.

*Morir : m**ue**ra, **mue**ras, m**ue**ra, m**u**ramos, m**u**ráis, **mue**ran*

*Dormir : d**ue**rma, **due**rmas, d**ue**rma, d**u**rmamos, d**u**rmáis, **due**rman*

Ce sont les deux seuls verbes qui ont un « o » dans le radical et suivent cette règle. Tous les autres ont un « e » dans le radical.

Voyez la liste du présent de l'indicatif et complétez-la :

Les verbes irréguliers

Les auxiliaires

Ser : sea, seas, sea, seamos, seáis, sean

*Estar : est**é**, est**és**, est**é**, estemos, estéis, est**én***

Piège : toutes les personnes sont accentuées sauf la 1re et la 2e du pluriel, comme au présent de l'indicatif.

Haber : haya, hayas, haya, hayamos, hayáis, hayan

Les verbes en « go » du présent de l'indicatif

Ils forment tout leur subjonctif présent sur cette personne.

*Asir : as**ga**, as**gas**, as**ga**, as**gamos**, as**gáis**, as**gan***

*Decir : di**ga**, di**gas**, di**ga**, di**gamos**, di**gáis**, di**gan***

*Hacer : ha**ga**, ha**gas**, ha**ga**, ha**gamos**, ha**gáis**, ha**gan***

*Poner : pon**ga**, pon**gas**, pon**ga**, pon**gamos**, pon**gáis**, pon**gan***

*Salir : sal**ga**, sal**gas**, sal**ga**, sal**gamos**, sal**gáis**, sal**gan***
*Tener : ten**ga**, ten**gas**, ten**ga**, ten**gamos**, ten**gáis**, ten**gan***
*Valer : val**ga**, val**gas**, val**ga**, val**gamos**, val**gáis**, val**gan***
*Venir : ven**ga**, ven**gas**, ven**ga**, ven**gamos**, ven**gáis**, ven**gan***

Piège !
Le verbe *satisfacer* se conjugue comme le verbe *hacer*. *Satisfacer : satis**faga**, satis**fagas**, satis**faga**, satis**fagamos**, satis**fagáis**, satis**fagan***

*Caer : ca**iga**, ca**igas**, ca**iga**, ca**igamos**, ca**igáis**, ca**igan***
*Oír : o**iga**, o**igas**, o**iga**, o**igamos**, o**igáis**, o**igan***
*Traer : tra**iga**, tra**igas**, tra**iga**, tra**igamos**, tra**igáis**, tra**igan***

Les « inclassables »

*Dar : **dé**, des, **dé**, demos, deis, den*

Piège !
Dar prend un accent sur la 1re et la 3e personnes du pluriel (pour les différencier de la préposition « de »), mais ne prend pas d'accent sur la 2ème personne du pluriel (une seule syllabe).

Ver : vea, veas, vea, veamos, veáis, vean
Ir : vaya, vayas, vaya, vayamos, vayáis, vayan
Saber : sepa, sepas, sepa, sepamos, sepáis, sepan
Caber : quepa, quepas, quepa, quepamos, quepáis, quepan

Les emplois du présent du subjonctif seront étudiés dans le chapitre sur la concordance de temps. La forme simple du subjonctif est : *que* + le verbe au subjonctif, il ne faut pas l'oublier, elle peut remplacer l'impératif dans certains cas : « *¡ que salgas !* ».

C'est l'unique cas d'emploi d'un subjonctif seul. Il sert également à construire l'impératif négatif (défense), précédé de *no* : « ¡ *no salgas* ! ». Ce temps sera étudié dans le chapitre suivant. Dans les autres cas, l'emploi du subjonctif est justifié par la concordance de temps.

Pas de « belles pages » dans ce chapitre car il est nécessaire de connaître les emplois du subjonctif avant. Il faudra donc attendre ce chapitre pour les lire.

8. L'imparfait du subjonctif

S'il est devenu d'un usage désuet en français, le subjonctif imparfait reste d'un usage très courant en espagnol, rendu obligatoire par la concordance de temps (son emploi sera étudié dans un chapitre ultérieur).

Rappel : sa conjugaison se construit à partir de la 3e personne du pluriel du passé-simple.

Piège !
Le subjonctif imparfait peut avoir deux formes : la forme en « ra » et la forme en « se » employées indifféremment dans tous les cas sauf celui où le subjonctif passé remplace un conditionnel passé.

Deux conjugaisons régulières

Celle des verbes qui se terminent en « ar », et celle des verbes qui se terminent en « er » et « ir », la même pour les deux terminaisons.

Rappel

Passé simple, 3e personne du pluriel : *pas**aron*** - *beb**ieron*** - *viv**ieron***

*Pas**ar*** : *pas**ara***, *pas**aras***, *pas**ara***, *pas**áramos***, *pas**arais***, *pas**aran***, *pas**ase***, *pas**ases***, *pas**ase***, *pas**ásemos***, *pas**aseis***, *pas**asen***
*Beb**er*** : *beb**iera***, *beb**ieras***, *beb**iera***, *beb**iéramos***, *beb**ierais***, *beb**ieran***, *beb**iese***, *beb**ieses***, *beb**iese***, *beb**iésemos***, *beb**ieseis***, *beb**iesen***
*Viv**ir*** : *viv**iera***, *viv**ieras***, *viv**iera***, *viv**iéramos***, *viv**ierais***, *viv**ieran***
viv***iese***, viv***ieses***, viv***iese***, viv***iésemos***, viv***ieseis***, viv***iesen***

Piège !
• La 1re et la 3e personnes du singulier se conjuguent de la même façon, attention au sujet ! • Le verbe *dar* se conjugue sur le modèle des verbes en « er-ir », tout comme au passé simple : *Dar : d**iera**, d**ieras**, d**iera**, d**iéramos**, d**ierais**, d**ieran*** *d**iese**, d**ieses**, d**iese**, d**iésemos**, d**ieseis**, d**iesen*** • Seul l'accent écrit sur le « a » final différencie les 2e et 3e personnes du singulier et 3e personne du pluriel, du futur et du subjonctif imparfait des verbes qui se terminent en « ar » : *pasar**á** por España = il passera par l'Espagne* *quería que pas**ara** por España = je voulais qu'il passe par l'Espagne* *ahorrar**ás** bastante dinero = tu économiseras assez d'argent* *te pedía que ahorr**aras** dinero = il te demandait d'économiser de l'argent* *sacar**án** muchas fotos = ils prendront beaucoup de photos* *quería que sac**aran** muchas fotos = je voulais qu'ils prennent beaucoup de photos* • La 1re personne du pluriel porte toujours un accent écrit, la 2ème personne du pluriel n'en porte jamais.

Modifications d'orthographe

Le passé simple en nécessite peu à la 3e personne du pluriel, donc le subjonctif imparfait également

Les verbes qui se terminent en « ñer » et ñir »

Ils perdent le « i » de la terminaison de la 3e personne du pluriel au passé simple, donc à toutes les personnes du subjonctif imparfait.

*Gru**ñir** : gru**ñera**, gru**ñeras**, gru**ñera**, gru**ñéramos**, gru**ñerais**, gru**ñeran**,*
*gru**ñese**, gru**ñeses**, gru**ñese**, gru**ñésemos**, gru**ñeseis**, gru**ñesen***

*Ata**ñer** : ata**ñera** (verbe impersonnel)*
*ata**ñese** (verbe impersonnel)*

Les verbes qui se terminent en « llir »

Ils perdent le « i » de la terminaison de la 3e personne du pluriel au passé simple, donc à toutes les personnes du subjonctif imparfait.

*Bullir : bu**llera**, bu**lleras**, bu**llera**, bu**lléramos**, bu**llerais**, bu**lleran**,*
*bu**llese**, bu**lleses**, bu**llese**, bu**llésemos**, bu**lleseis**, bu**llesen***

Les verbes à diphtongue

La 3e personne du pluriel du passé simple ne prend jamais de diphtongue, donc le subjonctif imparfait n'en prendra pas.

*Acertar : acert**ara**, acert**aras**, acert**ara**, acert**áramos**, acert**arais**, acert**aran**,*
*acert**ase**, acert**ases**, acert**ase**, acert**ásemos**, acert**aseis**, acert**asen***

*Soler : sol**iera**, sol**ieras**, sol**iera**, sol**iéramos**, sol**ierais**, sol**ieran**,*
*sol**iese**, sol**ieses**, sol**iese**, sol**iésemos**, sol**ieseis**, sol**iesen***

Les verbes à changement de voyelle

La 3e personne du pluriel du passé simple se conjugue avec le changement de voyelle, donc l'imparfait du subjonctif se conjugue à toutes les personnes avec le changement de voyelle.

Seguir :	*sig**uiera***	*sig**uiese***
	*sig**uieras***	*sig**uieses***
	*sig**uiera***	*sig**uiese***
	*sig**uiéramos***	*sig**uiésemos***
	*sig**uierais***	*sig**uieseis***
	*sig**uieran***	*sig**uiesen***

Les verbes à diphtongue + changement de voyelle

La 3e personne du pluriel du passé simple se conjugue avec le changement de voyelle, donc l'imparfait du subjonctif se conjugue à toutes les personnes avec le changement de voyelle.

*sin**tiera***	*sin**tiese***
*sin**tieras***	*sin**tieses***
*sin**tiera***	*sin**tiese***
*sin**tiéramos***	*sin**tiésemos***
*sin**tierais***	*sin**tieseis***
*sin**tieran***	*sin**tiesen***

Piège !

Encore et toujours les verbes *dormir* et *morir* !

*dur**miera***	*dur**miese***
*dur**mieras***	*dur**mieses***
*dur**miera***	*dur**miese***
*dur**miéramos***	*dur**miésemos***
*dur**mierais***	*dur**mieseis***
*dur**mieran***	*dur**miesen***
*mur**iera***	*mur**iese***
*mur**ieras***	*mur**ieses***
*mur**iera***	*mur**iese***
*mur**iéramos***	*mur**iésemos***
*mur**ierais***	*mur**ieseis***
*mur**ieran***	*mur**iesen***

Les verbes irréguliers

Ce sont bien évidemment les verbes irréguliers à la 3e personne du pluriel du passé simple.

Les verbes en « i »

Hacer : ***hiciera, hicieras, hiciera, hiciéramos, hicierais, hicieran***
hiciese, hicieses, hiciese, hiciésemos, hicieseis, hiciesen

Piège !
Le verbe ***satisfacer*** se conjugue comme le verbe *hacer*. *Satisficiera, satisficieras, satisficiera, satisficiéramos, satisficierais, satisficiera* *Satisficiese, satisficieses, satisficiese, satisficiésemos, satisficieseis, satisficiesen*

Venir : viniera, vinieras, viniera, viniéramos, vinierais, vinieran
viniese, vinieses, viniese, viniésemos, vinieseis, viniesen
Querer : quisiera, quisieras, quisiera, quisiéramos, quisierais, quisieran
quisiese, quisieses, quisiese, quisiésemos, quisieseis, quisiesen

Piège !
La forme en « ra » du verbe *querer* s'emploie à la place du conditionnel de ce verbe. C'est le seul emploi de l'imparfait du subjonctif qui ne soit pas justifié par la concordance de temps. ***Quisiera*** *conocer su nombre, por favor* = **J'aimerais** connaître votre nom, s'il vous plait. ***Quisiéramos*** *tener más vacaciones* = **Nous voudrions** avoir davantage de vacances.

Les verbes en « u »

Andar : anduviera, anduvieras, anduviera, anduviéramos, anduvierais, anduvieran
anduviese, anduvieses, anduviese, anduviésemos, anduvieseis, anduviesen

Caber : cupiera, cupieras, cupiera, cupiéramos, cupierais, cupieran
cupiese, cupieses, cupiese, cupiésemos, cupieseis, cupiesen

Estar : estuviera, estuvieras, estuviera, estuviéramos, estuvierais, estuvieran
estuviese, estuvieses, estuviese, estuviésemos, estuvieseis, estuviesen

Haber : hubiera, hubieras, hubiera, hubiéramos, hubierais, hubieran
hubiese, hubieses, hubiese, hubiésemos, hubieseis, hubiesen

Poder : pudiera, pudieras, pudiera, pudiéramos, pudierais, pudieran
pudiese, pudieses, pudiese, pudiésemos, pudieseis, pudiesen

Poner : pusiera, pusieras, pusiera, pusiéramos, pusierais, pusieran
pusiese, pusieses, pusiese, pusiésemos, pusieseis, pusiesen

Saber : supiera, supieras, supiera, supiéramos, supierais, supieran
supiese, supieses, supiese, supiésemos, supieseis, supiesen

Tener : tuviera, tuvieras, tuviera, tuviéramos, tuvierais, tuvieran
tuviese, tuvieses, tuviese, tuviésemos, tuvieseis, tuviesen

Piège !

Le subjonctif imparfait (forme en « ra ») de l'auxiliaire *haber* est la plupart du temps employé à la place du conditionnel.
Hubieras *venido antes, te lo* ***hubiera*** *enseñado* = Tu **serais** venue avant, je te l'**aurais** montré.
On utilise aussi parfois l'imparfait du subjonctif (forme en « ra ») du verbe *poder* au lieu du conditionnel.
Pudiera *volverse difícil* = Cela **pourrait** devenir difficile.

« Ser » et « ir » ont la même conjugaison

Ser : ***fuera, fueras, fuera, fuéramos, fuerais, fueran***
fuese, fueses, fuese, fuésemos, fueseis, fuesen
Ir : ***fuera, fueras, fuera, fuéramos, fuerais, fueran***
fuese, fueses, fuese, fuésemos, fueseis, fuesen

« Decir », « traer » et les verbes en « ducir »

Tous ces verbes prennent un « j », tout comme à la 3e personne du pluriel du passé simple.

Decir : dijera, dijeras, dijera, dijéramos, dijerais, dijeran
dijese, dijeses, dijese, dijésemos, dijeseis, dijesen
Traer : trajera, trajeras, trajera, trajéramos, trajerais, trajeran
trajese, trajeses, trajese, trajésemos, trajeseis, trajesen
Conducir : condujera, condujeras, condujera, condujéramos, condujerais, condujeran
condujese, condujeses, condujese, condujésemos, condujeseis, condujesen

Piège !
Ces verbes ne prennent pas de « i » puisqu'ils se conjuguent sur la 3e personne du pluriel du passé simple, qui n'en prend pas. **Conjuguez :** ***producir, traducir, sustraer***, **etc.**

Les emplois du subjonctif imparfait

Ils seront étudiés dans le chapitre sur la concordance des temps. Au-delà des cas d'emplois simples évoqués dans ce chapitre, nombreux sont les cas où il s'avère obligatoire d'utiliser l'imparfait du subjonctif.

Notons cependant dès maintenant l'emploi obligatoire du subjonctif imparfait après l'expression « ***como si*** ». Aucune concordance de temps dans ce cas, l'emploi du subjonctif imparfait est absolument obligatoire quel que soit le temps de la proposition principale.

Me habla ***como si fuera*** *una niña pequeña.*
No podía respirar, era ***como si se ahogara.***
Lo afirman ***como si estuvieran*** *seguros.*
Actúas ***como si tuvieras*** *miedo.*

Pas de belles pages à la fin de ce chapitre non plus, il faut attendre de connaître la concordance des temps pour pouvoir les lire.

Pour terminer l'étude du subjonctif, notons que tant le subjonctif présent que le subjonctif imparfait ont des formes composées, qui se conjuguent comme tous les temps composés avec l'auxiliaire *haber* (au subjonctif présent ou imparfait selon les cas) et le participe passé invariable du verbe :

que ***hayas venido***
que ***hubieras venido***
que ***hubieses venido***

Leurs emplois seront également étudiés dans le chapitre sur la concordance des temps.

9. L'impératif

Il serait plus juste de dire « les » impératifs. En effet, on utilise en espagnol deux formes différentes pour exprimer l'ordre et la défense.

Piège !
L'impératif espagnol se conjugue à **« cinq » personnes** : *tú, nosotros, vosotros*, tout comme en français, mais aussi : ***usted, ustedes.***

L'ordre

Cette forme de l'impératif se construit avec des formes verbales empruntées au présent de l'indicatif et au présent du subjonctif, à toutes les personnes sauf à la 2e personne du pluriel. Il convient donc de connaître la construction de cet impératif, et tout simplement d'emprunter ensuite les différentes personnes aux temps appropriés.

Tú : 3e personne du singulier du présent de l'indicatif
Usted : 3e personne du singulier du présent du subjonctif
Nosotros-as : 1re personne du pluriel du présent du subjonctif
Vosotros-as : infinitif dont le « r » final se transforme en « d »
Ustedes : 3e personne du pluriel du présent du subjonctif

Il est maintenant aisé de conjuguer tous les verbes.

Les verbes réguliers

*Call**ar** : call**a**, call**e** usted, call**emos**, call**ad**, call**en** ustedes*
*Corr**er** : corr**e**, corr**a** usted, corr**amos**, corr**ed**, corr**an** ustedes*
*Abr**ir** : abr**e**, abr**a** usted, abr**amos**, abr**id**, abr**an** ustedes*

Les verbes à diphtongue

*Contar : **cuenta**, **cuente** usted, cont**emos**, cont**ad**, **cuenten** ustedes*

*Pensar : **piensa**, **piense** usted, pens**emos**, pens**ad**, **piensen** ustedes*

*Morder : **muerde**, **muerda** usted, mord**amos**, mord**ed**, **muerdan** ustedes*

*Encender : **enciende**, **encienda** usted, encend**amos**, encend**ed**, **enciendan** ustedes*

Les verbes à changement de voyelle

*Seguir : **sigue**, **siga** usted, **sigamos**, segu**id**, **sigan** ustedes*
*Pedir : **pide**, **pida** usted, **pidamos**, ped**id**, **pidan** ustedes*

Les verbes à diphtongue + changement de voyelle

*Advertir : adv**ierte**, adv**ierta** usted, adv**irtamos**, advert**id**, adv**iertan** ustedes*

Piège !
Rappel : les verbes *morir* et *dormir* suivent cette règle. *Dormir : **duerme**, **duerma** usted, **durmamos**, dorm**id**, **duerman** ustedes*

Les verbes irréguliers

Quelques verbes irréguliers, mais leur irrégularité ne concerne que la première personne (*tú*), les autres personnes se conjuguent selon le modèle indiqué.

*Poner : **pon**, ponga usted, pongamos, poned, pongan ustedes*
*Tener : **ten**, tenga usted, tengamos, tened, tengan ustedes*

*Venir : **ven**, venga usted, vengamos, venid, vengan ustedes*
*Hacer : **haz**, haga usted, hagamos, haced, hagan ustedes*
*Decir : **di**, diga usted, digamos, decid, digan ustedes*
*Salir : **sal**, salga usted, salgamos, salid, salgan ustedes*
*Ser : **sé**, sea usted, seamos, sed, sean ustedes*
*Ir : **ve**, vaya usted, vayamos, id, vayan ustedes*
*Valer : **val**, valga usted, valgamos, valed, valgan ustedes*

Piège !

Sé se différencie du pronom réfléchi par son accent, mais ne se différencie pas de la 1re personne du singulier du présent de l'indicatif du verbe *saber*.
Ve ne se différencie pas de la 1re personne de l'impératif du verbe *ver*.

Les verbes pronominaux

Rappel : à l'impératif il ne faut pas oublier l'enclise (les pronoms sont soudés au verbe). Ceci entraîne l'obligation d'accentuer le verbe dans certains cas, car l'accent tonique ne peut changer de place ; dans les cas où il ne se trouve plus à la place requise par la règle de l'accent tonique (avant-dernière syllabe d'un mot qui se termine par une voyelle, un « n » ou un « s », et dernière syllabe d'un mot qui se termine par une consonne sauf « n » et « s »), il est nécessaire de l'écrire. Les verbes pronominaux subissent également certaines modifications d'orthographe lorsque le pronom réfléchi est soudé au verbe (chute du « s » à la 1re personne du pluriel, et du « d » à la 2e personne du pluriel).

Levantar : levanta
levante usted
levantemos
levantad
levanten ustedes

Levantarse : levántate
levántese usted
levantémonos
levantaos
levántense ustedes

Abrir : abre
abra usted
abramos
abrid
abran ustedes

Abrirse : ábrete
ábrase usted
abrámonos
abríos
ábranse ustedes

Exercez-vous à conjuguer des verbes à la forme simple et à la forme pronominale.

Piège !

Les pronoms réfléchis ne sont pas les seuls à être soudés au verbe à l'impératif : le sont aussi les pronoms compléments, ce qui nécessite parfois également la présence de certains accents.

Canta : cántame una canción	*cántala*	*cántamela*
Come : come un bocadillo	*cómelo*	
Di : dime un secreto	*dímelo*	
Cuenta : cuenta chistes	*cuéntanos chistes*	*cuéntanoslos*
Pida usted : pida usted el permiso	*pídalo usted*	*pídamelo usted*

Exercez-vous avec d'autres verbes :

A noter :

A + l'infinitif peut parfois sevir à exprimer un impératif.

*¡ Chicos, **a dormir** !*

*¡ Hijo mío, **a cenar** !*

La défense

Cette forme de l'impératif se conjugue avec *no* + le subjonctif présent (à partir de la seconde personne).

Les verbes réguliers

*Hablar : no habl**es**, no habl**e** usted, no habl**emos**, no habl**éis**, no habl**en** ustedes*

*Ceder : no ced**as**, no ced**a** usted, no ced**amos**, no ced**áis**, no ced**an** ustedes*

*Abrir : no abr**as**, no abr**a** usted, no abr**amos**, no abr**áis**, no abr**an** ustedes*

Les verbes à diphtongue

On retrouve ici les personnes du présent du subjonctif qui prennent la diphtongue (2e et 3e personnes du singulier et 3e personne du pluriel).

*Cerrar : no **cierres**, no **cierre** usted, no cerr**emos**, no cerr**éis**, no **cierren** ustedes*

*Volver : no **vuelvas**, no **vuelva** usted, no volv**amos**, no volv**áis**, no **vuelvan** ustedes*

Les verbes à changement de voyelle

On retrouve ici les personnes du présent du subjonctif qui subissent le changement de voyelle (toutes les personnes).

*Seguir : no **sigas**, no **siga** usted, no **sigamos**, no **sigáis**, no **sigan** ustedes*

*Reír : no **rías**, no **ría** usted, no **ríamos**, no **riáis**, no **rían** ustedes*

Les verbes à diphtongue + changement de voyelle

On retrouve ici les personnes du présent du subjonctif qui subissent ces modifications (toutes les personnes).

*Mentir : no **mientas**, no **mienta** usted, no **mintamos**, no **mintáis**, no **mientan** ustedes*

*Dormir : no **duermas**, no **duerma** usted, no **durmamos**, no **durmáis**, no **duerman** ustedes*

Les verbes irréguliers

On retrouve ici les verbes irréguliers du présent du subjonctif.

*Poner : no **pongas**, no **ponga** usted, no **pongamos**, no **pongáis**, no **pongan** ustedes*

*Ser : no **seas**, no **sea** usted, no **seamos**, no **seáis**, no **sean***

Consultez la liste des verbes irréguliers du présent du subjonctif.

Les verbes pronominaux

Piège !

On ne fait pas l'enclise ! Les pronoms se placent devant le verbe tout comme dans la conjugaison des autres temps.

¡ no ***te*** *levantes !*

¡ no ***se*** *vaya usted !*

¡ no ***nos*** *preocupemos !*

¡ no ***os*** *inquietéis !*

¡ no ***se*** *acuesten tan tarde !*

Il en est de même pour tous les autres pronoms (compléments), ils se placent devant le verbe.

no mires la televisión : no ***la*** *mires*

no espere usted su vuelta : no ***la*** *espere usted*

no cojamos enfermedades : no ***las*** *cojamos*

no leáis estos libros : no ***los*** *leáis*

no escuchen ustedes estos discos : no ***los*** *escuchen ustedes*

Vous pouvez faire l'exercice de conjuguer un verbe à l'impératif (ordre) puis à l'impératif négatif (défense).

Quelques belles pages

Cumple *tu tarea,* ***trata*** *de alcanzar el río Sambation y* ***no te preocupes*** *de la misión que puedan tener algunos de los que embarcamos. ¡* ***Apúrate***, ***parte*** *antes que expire el plazo y puedan acabar impunemente con los judíos ! ¡* ***Piensa*** *que si fallas será el triunfo de los monarcas de la noche que ejecutarán la solución final ! ¡* ***No te fijes*** *en gastos !* (Abel Posse, *Los perros del paraíso*)

Échate *a un lado, Platero, y* ***deja*** *pasar a los niños de la escuela ...* ***Mírala***, *Platero. Ahí viene, calle abajo...* ***Acércate*** *más, Platero,* ***ven*** *...* ***Cállate***, *Platero,* ***mírala*** *... ¡* ***No te asustes***, *hombre !* (Juan Ramón Jiménez, *Platero y yo*)

– ***Acérquese***, *Mateo...*

– ***Diga*** *...*

– *Mateo,* ***vaya*** *inmediatamente al despacho del dueño.* ***Tenga*** *usted esta cartera para el dinero.* ***Regrese*** *del banco lo antes posible.* (Luis Romero, *Los otros*)

10. Le gérondif

Deux formes

Celle des verbes en « ar » : radical du verbe + « ando » et celle des verbes en « er » et « ir », la même pour les deux terminaisons : radical du verbe + « iendo ».

*Caracteriz**ar** : caracteriz**ando***
*Comprend**er** : comprend**iendo***
*Escrib**ir** : escrib**iendo***

Modifications d'orthographe

Les verbes qui se terminent par « aer », « eer », « oir », « uir »

Ils prennent un « y » à la place du « i », qui ne peut se trouver entre deux voyelles.

*C**aer**: cayendo*
*L**eer**: leyendo*
***Oír**: oyendo*
*Concl**uir** : concluyendo*

Piège !
Le verbe « ir » a pour gérondif « *yendo* » car il est impossible de commencer un mot par la diphtongue « ie » (*la **hie**rba* ou *la **y**erba*).

Les verbes qui se terminent par « llir »

Ils perdent le « i » de la terminaison, inutile pour la prononciation.

*Mu**llir** : mu**llendo***
*Zambu**llir** : zambu**llendo***

Les verbes qui se terminent par « ñer » et « ñir »

Ils perdent le « i » de la terminaison, inutile pour la prononciation après « ñ ».
*Ata**ñer** : ata**ñendo***
*Gru**ñir** : gru**ñendo***

Les verbes à diphtongue

Ils ne prennent pas de diphtongue.
*C**e**rrar : cerr**ando***
*Ll**o**ver : llov**iendo***

Les verbes à changement de voyelle

Ils prennent un « i » dans le radical.
*P**e**dir : p**i**d**iendo***
*V**e**stir : v**i**st**iendo***

Les verbes à diphtongue + changement de voyelle

Ils prennent un « i » dans le radical, comme les verbes à changement de voyelle, dont ils suivent la règle à ce temps.
*M**e**ntir : m**i**nt**iendo***
*H**e**rir : h**i**r**iendo***
*Div**e**rtir : div**i**rt**iendo***

Piège !

Les verbes *dormir* et *morir* suivent également cette règle, et prennent donc un « u » dans le radical.

*Dormir : d**urmiendo***
*Morir : m**uriendo***

Les verbes irréguliers

*Poder : **pudiendo***
*Podrir : **pu**driendo*
*Decir : d**i**ciendo*
*Venir : v**i**niendo*

Piège !

Au gérondif, il ne faut pas oublier l'enclise des pronoms réfléchis et compléments. Attention aux accents !

*Acostar : acost**a**ndo*	*acostar**se** : acost**á**ndo**se***
*Divertir : divirti**endo***	*divertir**se** : divirti**é**ndo**se***
*leyendo un libro : ley**é**ndo**lo***	*leyendo un libro al niño : ley**é**ndo**selo***
*contando cuentos : cont**á**ndo**los***	*contando cuentos a los niños : cont**á**ndo**selos***

Notez ceux que vous rencontrez :

Les emplois du gérondif

Il faut noter avant tout que le gérondif reste toujours invariable : « *ando* » , « *iendo* ».

Complément de manière

Il répond alors à la question « *¿ Cómo ?* » bien évidemment et peut alors s'employer seul, sans auxiliaire.

– *¿ Cómo vas a la universidad ?*	– *Voy* ***andando****.*
– *¿ Cómo te enteraste de la noticia ?*	– *Me enteré* ***leyendo*** *el periódico.*
– *¿ Cómo se informará usted ?*	– *Me informaré* ***escuchando*** *la radio.*

Piège !

Le gérondif employé de cette façon doit toujours avoir le même sujet que le verbe conjugué.
El ***lobo alcanzó*** *su presa* ***corriendo*** = Le loup a atteint sa proie en courant.

L'action qui « est en train » de se dérouler

Elle s'exprime par : *estar* + le gérondif.

Los niños ***están mirando*** *una película mientras sus padres* ***están cenando*** = Les enfants regardent un film pendant que leurs parents dînent.

Estaba durmiendo *cuando empezó la tormenta* = Je dormais lorsque la tempête a commencé.

L'action qui se déroule progressivement (« peu à peu », « petit à petit »)

Elle s'exprime par *ir* + le gérondif.

En otoño, los árboles ***van perdiendo*** *sus hojas* = En automne, les arbres perdent peu à peu leurs feuilles.

La empresa ***irá mejorando*** *sus resultados gracias a nuestros esfuerzos* = L'entreprise améliorera peu à peu ses résultats grâce à nos efforts.

L'action qui se déroule dans la continuité (« continuer à »)

Elle s'exprime par : *seguir* + le gérondif

Seguiremos caminando *a pesar de la lluvia* = Nous continuerons à marcher malgré la pluie.

Este chico ***seguirá tocando*** *la flauta durante su estancia en el extranjero* = Ce garçon continuera à jouer de la flûte pendant son séjour à l'étranger.

L'expression du temps dans lequel s'écoule l'action (« il y a »...)

S'exprime par : *llevar* + un complément de temps + le gérondif

Ya ***lleváis dos años practicando*** *el atletismo* = Cela fait déjà deux ans que vous pratiquez l'athlétisme.

Ustedes ***llevan más de cuatro horas analizando*** *los datos* = Il y a plus de quatre heures que vous analisez les données.

Piège !
Il est impossible de mettre le gérondif à la forme négative dans cette tournure. On emploiera dans ce cas la forme : *llevar* + *sin* + infinitif ». *Ella,* ***lleva cinco años sin regresar*** *a Chile* = Elle, il y a cinq ans qu'elle n'est pas revenue au Chili. *Yo* ***llevo varios meses sin hablar*** *el alemán* = Il y a plusieurs mois que je n'ai pas parlé allemand.

L'action qui s'applique à plusieurs endroits, personnes ou objets

Par exemple, pour traduire les expressions : « de-ci de-là », « d'un côté de l'autre », « à l'un à l'autre », etc.

Elle s'exprime par *andar* + le gérondif

Andamos recogiendo *conchas por la playa* = Nous ramassons des coquillages sur la plage. (de ci de là en nous promenant)

Los estudiantes ***andan solicitando*** *becas para viajar* = Les étudiants sollicitent des bourses de voyage. (à l'un à l'autre)

Piège !

Le gérondif ne s'emploie jamais comme seul verbe conjugué (sans auxiliaire). Il est remplacé par une proposition relative.
La empresa necesita empleados ***que sepan*** *hablar por lo menos dos idiomas extranjeros* = L'entreprise a besoin d'employés **sachant** parler au moins deux langues étrangères.

Le gérondif ne peut servir à exprimer deux actions simultanées. Il convient alors d'employer *al* + infinitif.
Al entrar *en la casa, descubrieron el robo* = **En entrant** dans la maison, ils découvrirent le vol.
Al enterarse *de la noticia, se desmayó* = **En apprenant** la nouvelle, elle s'évanouit.

Piège !

Ce sont de simples adjectifs !
le soleil **couchant** : *el sol* ***poniente***
un travail **fatigant** : *un trabajo* ***cansado***
une aventure **palpitante** : *una aventura* ***palpitante***

Continuez votre liste :

Quelques belles pages

El cuerpo de Ulises Adsuara apareció ***flotando*** *en la bahía un domingo de agosto a las dos de la tarde cuando la playa estaba llena de gente. Las olas, que en ese momento eran suaves, lo* ***fueron sacando*** *a tierra boca arriba desde alta mar y al principio sólo era un punto oscuro que se divisaba más allá del rompiente del segundo espigón, por eso muchos bañistas lo confundían con un palangre o un madero, pero después su forma* ***se fue concretando*** ... (Manuel Vicent, *Son de Mar*)

Se aprende a amar a México en su dulzura y en su aspereza ***sufriéndolo*** *y* ***cantándolo*** *como yo lo he hecho, desde cerca y desde lejos...*
La insoportable soledad del marinero escocés, que comienza a construir un mundo solitario, ***sigue siendo*** *motivo de la inteligencia y enigma que nos pertenece.* (Pablo Neruda, *Para nacer he nacido*)

Los alumnos ***van asumiendo*** *el silencio. Alma se pone las gafas... También sonríe Alma y,* ***dirigiéndose*** *a todos, dice ...* (Manuel Vázquez Montalbán, *Quinteto de Buenos Aires* - CCIP 2000)

Está todo patas arriba ... Los comunistas, fuera de la historia, ***extinguiéndose****. Los socialistas,* ***acomodándose*** *y* ***aburguesándose****. Los derechos humanos como un problema sólo de grupo de locos antisociales o antisistema... ¡ estupendo futuro ! Y con la nula capacidad del oficialismo,* ***terminará*** *la derecha* ***tomándose*** *las calles.* (Marcela Serrano, *Para que no me olvides*)

Chapitre XVI

Les concordances de temps

Nous avons vu les emplois simples des différents temps du présent, du passé, du futur. Cependant, l'emploi des subjonctifs se justifie par un certain nombre de règles très précises sur la concordance des temps entre eux.

Le subjonctif espagnol évoque toujours **une action qui n'est pas encore réalisée**, et dépend d'un ordre, une prière, un souhait, une condition, une restriction, une hypothèse...

Rappelons que l'espagnol utilise les deux subjonctifs (présent et imparfait).

1. Après les conjonctions

Après les conjonctions qui marquent :

• **le but :** *para que, a fin de que, con objeto de que, de manera que, de modo que, hasta que*

• **la restriction :** *a no ser que, a menos que, con que, con tal que, siempre que, siempre y cuando, a condición de que, por poco que*

• **la cause :** *por miedo a que, por temor de que, en caso de que*

on emploie le subjonctif :

- **présent** si le verbe de la principale est au **présent**, au **passé composé**, au **futur** de l'indicatif ;

- **imparfait** si le verbe de la principale est à l'**imparfait**, au **passé simple**, au **conditionnel**.

Subjonctif présent	Subjonctif imparfait
Te lo ***digo*** *para que lo* ***sepas.***	*Te lo* ***decía*** *para que lo* ***supieras.***
Se la ***he dado*** *a fin de que te la* ***entregue.***	*Se la* ***di*** *a fin de que te la* ***entregara.***
Nos ***veremos*** *mañana, a no ser que no* ***vengas.***	*Nos* ***veríamos*** *al día siguiente, a no ser que no* ***vinieras.***
Me ***quedaré*** *hasta que* ***hayan llegado.***	*Me* ***hubiera quedado*** *hasta que* ***hubieran llegado.***
Te lo ***presto*** *siempre y cuando no me lo* ***pierdas.***	*Te lo* ***prestaba*** *siempre y cuando no me lo* ***perdieras.***
Construisez vos propres exemples et notez ceux que vous rencontrez :	

2. Après les verbes

Qui expriment l'ordre, le désir...

Après les verbes qui expriment :

- **un ordre :** *querer que, ordenar que, decir que, encargar que, mandar que...*
- **un désir :** *desear que, esperar que*
- **une prière :** *rogar que, pedir que, suplicar que*
- **une crainte :** *temer que, tener miedo de que*
- **un conseil :** *aconsejar que, persuadir que*
- **une interdiction :** *prohibir que*

au lieu de la proposition infinitive française, l'espagnol emploie une subordonnée au subjonctif :

- **présent** si le verbe de la principale est au **présent**, au **passé composé**, au **futur** de l'indicatif.

- **imparfait** si le verbe de la principale est à l'**imparfait**, au **passé simple**, au **conditionnel.**

Subjonctif présent	Subjonctif imparfait
Quiero que hagas *este trabajo.*	***Quería que hicieras*** *este trabajo.*
Nos ***ha ordenado que leamos*** *un libro.*	*Nos* ***ordenó que leyéramos*** *un libro.*
Te ***pedirán que indiques*** *tu apellido.*	*Te* ***pedirían que indicaras*** *tu apellido.*
La madre les ***dice que obedezcan****.*	*La madre les* ***decía que obedecieran.***

Construisez vos propres exemples et notez ceux que vous rencontrez :

Piège !

Decir que ne sert pas toujours à donner un ordre !
*Mi novio me **dice que organice** la boda.*
MAIS : *Mi novio me **dice que no sabe** cuándo nos casaremos.*
Si le complément des verbes *mandar, prohibir, hacer* (qui est sujet du verbe à l'infinitif) est exprimé sous forme de pronom, on emploie une proposition infinitive.
*Mandamos a **los camareros que nos sirvan** rápido.*
*Les mandamos **servirnos** rápido.*
*Prohibo a **los chicos que fumen** en los dormitorios.*
***Les** prohibo **fumar** en los dormitorios.*

Notez les exemples que vous rencontrez :

Qui expriment une invitation, un encouragement

Ces verbes sont suivis de ***a*** puis d'une proposition au subjonctif, selon la même concordance de temps que celle déjà évoquée.

*Animar **a** que, incitar **a** que, invitar **a** que, convidar **a** que...*

Si leur complément est exprimé sous forme de pronom, ils admettent également une proposition infinitive.

*Incitamos **a los empleados a que no fumen** en los despachos.*
***Les** incitamos **a no fumar** en los despachos.*
*El padre invita **a sus hijos a que den** una vuelta con él por el bosque.*
*El padre **les** invita **a dar** una vuelta con él por el bosque.*

Notez les exemples que vous rencontrez :

A la forme négative

Les verbes qui expriment une opinion : ***no*** *creer que,* ***no*** *pensar que,* ***no*** *parecer que,* ***no*** *opinar que...*

obéissent à la même concordance de temps que les verbes précédents, mais attention **uniquement** si ces derniers sont à la forme **négative**.

Pienso que tienes *numerosas oportunidades de salir.*

No pienso que tengas *numerosas oportunidades de salir.*

No pensaba que tuvieras *numerosas oportunidades de salir.*

Opinamos que *los periódicos* ***no dicen*** *toda la verdad.*

No opinamos que los *periódicos* ***digan*** *toda la verdad.*

No opinábamos que *los periódicos* ***dijeran*** *toda la verdad.*

Construisez vos propres exemples et notez ceux que vous rencontrez :

Il faut noter également l'expression *no quita para que* qui s'emploie aussi avec le subjonctif.

Voy de viaje pero ***no quita para que siga*** *preparando la fiesta de despedida de nuestro amigo.*

Iba de viaje pero ***no quitaba para que siguiera*** *preparando la fiesta de despedida de Juan.*

3. Après « ¡ ojalá ! »

On emploie le **subjonctif présent** pour exprimer le **souhait**, et le **subjonctif imparfait** pour exprimer le **regret**.

¡ ***Ojalá lleguen*** *rápido las noticias* ! = Pourvu que les nouvelles arrivent vite !

¡ ***Ojalá fuera*** *verdad* ! = Si seulement c'était vrai !

Notez les exemples que vous rencontrez :

4. Après les locutions de temps

Il faut toujours employer le **subjonctif présent** pour exprimer une action au **futur** et le **subjonctif imparfait** pour exprimer une action au **conditionnel**, après : *cuando, en cuanto, tan pronto como, mientras, mientras que, en tanto que, siempre que, conforme, antes de que, después de que, como, hasta que, a medida que, según.*

Cuando viajes, *conocerás otras costumbres.*
En cuanto estés *listo, avísame.*
Llámame ***tan pronto como conozcas*** *los resultados.*
Yo me quedaré en casa ***mientras*** *él* ***vaya*** *de compras.*
Siempre que podáis*, comunicaréis las informaciones a toda la plantilla.*
Conforme vaya *progresando le recompensaré.*
Te lo digo ***antes de que lo aprendas*** *de otro modo.*
Como vengas *a las ocho de la mañana, serás el primero.*
Le conocerías mejor ***después de que hablaras*** *con él.*
Como no viniera*, no tendríamos los datos necesarios.*
En cuanto llegaran*, saldríamos.*
Tan pronto como despegara *el avión, empezarías a leer los periódicos.*
Tú redactarías un informe, ***mientras yo te diera*** *las noticias.*

Notez les exemples que vous rencontrez :

Piège !

Toutes ces locutions sont suivies de l'indicatif si l'action ne se situe pas dans le futur ou le conditionnel, donc est « réalisée ».

Siempre que voy *a Barcelona,* ***me enamoro*** *más de la obra de Gaudí.*

De niña, ***cuando iba*** *al colegio* ***tomaba*** *el autobús con mis amigos y* ***nos divertíamos*** *mucho.*

Tan pronto como salió *de casa,* ***empezó*** *a llover a cántaros.*

¿ Cuándo ? lorsqu'il est interrogatif, peut être suivi du futur.

¿ ***Cuándo vendrás*** *a visitarme ?*

No sé ***cuándo vendré*** *a visitarte.*

5. Dans les propositions relatives et subordonnées

Lorsqu'elles sont introduites par :

donde, cuanto, como, lo que, el que, la que, los que, las que, quienes, cualquiera que, cualesquiera que, quienquiera que, quienesquiera que

l'emploi du **subjonctif** est obligatoire pour exprimer **une action qui n'est pas réalisée** (donc au futur ou au conditionnel), et seulement dans ce cas. Le subjonctif présent remplace le futur, et le subjonctif imparfait remplace le conditionnel, selon la concordance de temps déjà évoquée.

Vendrán conmigo ***los que quieran****, pero* ***quienes estén*** *cansados se quedarán en casa.*
¡ Haz ***como quieras*** *!*
¡ Sentaos ***donde podáis*** *!*
Haced ***lo que os parezca*** *bien,* ***cualquiera que sea*** *el precio.*
En tal caso, ***harías cuanto quisieras****.*
Castigaré ***al que llegue*** *con retraso.*
Escucharé a ***quienquiera que me dé*** *una buena idea.*

Notez les exemples que vous rencontrez :

Piège !

Il faut connaître également les expressions qui remplacent *cualquiera que* et ne pas hésiter à construire les propositions sur ce modèle :
***Cualquier cosa que hagas**, no te saldrá bien.*
***Hagas lo que hagas**, no te saldrá bien.*
***Cualquier cosa que digan**, no les escucharán.*
***Digan lo que digan**, no les escucharán.*
***Sea el que sea** el precio, compradlas.*

Notez ceux que vous rencontrez :

El que, lorsqu'il signifie « le fait de » est aussi suivi du subjonctif.
***El que tenga** que hacer eso no me gusta nada* = Je n'aime pas du tout devoir faire cela. (le fait de devoir ...)

6. Après « aunque »

Après *aunque*, on emploie l'indicatif pour évoquer une action réalisée, et le subjonctif pour évoquer une action qui n'est pas réalisée.

*Hoy, salgo **aunque llueve** a cántaros.*
*En verano, saldré **aunque llueva** a cántaros.*
*En Perú, saldría **aunque lloviera** a cántaros.*
*Correspondo contigo **aunque vives** muy lejos desde hace dos años.*
*Seguiré correspondiendo contigo **aunque vayas** a vivir muy lejos.*
***Aunque fueras** a vivir muy lejos, podría corresponder contigo.*

Notez les exemples que vous rencontrez :

7. Après « quizá », « quizás », « tal vez », « acaso »

Placées devant le verbe, ces expressions sont suivies du subjonctif ce qui renforce l'idée de doute, d'action non réalisée. L'emploi du subjonctif reste le même que dans les autres cas (précédemment cités).

Quizá no entiendas *lo que quieren decirte.*
Quizás nos encontremos *en el aeropuerto.*
Tal vez fuera *una mejor solución salir en tren.*
Acaso supieras *indicármelo.*

Notez les exemples que vous rencontrez :

Ces expressions sont souvent remplacées par *puede ser que* ou *puede que* qui sont toujours suivies du subjonctif. Dans ce cas, si le verbe *poder* est conjugué au présent, au futur, au passé composé de l'indicatif, la concordance de temps se fera avec le subjonctif présent. Si le verbe *poder* est conjugué à l'imparfait, au passé simple, au conditionnel, la concordance de temps se fera avec le subjonctif imparfait.

Puede *ser que no* ***tengas*** *bastante tiempo para hacerlo.*
Podrá *ser que no* ***conozcas*** *todos los datos necesarios.*
Podía *ser que* ***vinieran*** *con mucho adelanto.*
Podría *ser que* ***nos quedáramos*** *toda la noche a trabajar.*

Piège !

Si ces mêmes expressions sont placées après le verbe, celui-ci est à l'indicatif.

No entiendes quizá *lo que quieren decirte.*

Nos encontraremos quizás *en el aeropuerto.*

Sería tal vez *una mejor solución salir en tren.*

Sabrías acaso *indicármelo.*

L'expression *a lo mejor* qui a le même sens (« peut-être ») est suivie de l'indicatif.

No podré a lo mejor *verificar el balance antes del martes.*

A lo mejor no podré *verificar el balance antes del martes.*

Notez les exemples que vous rencontrez :

8. Après « por... que »

Après *por más que*, *por muy que* et *por mucho que* :

- si l'action évoquée est **réalisée**, on emploie l'**indicatif** ;
- si l'action n'est **pas réalisée**, on emploie le **subjonctif**, selon la concordance habituelle.

Por más que ***reflexiones****, no* ***encontrarás*** *solución.*
Por más que ***reflexionaba****, no* ***encontraba*** *solución.*
Por más que ***reflexionaras****, no* ***encontrarías*** *solución.*
Por muy astuto que ***sea****, no* ***logrará*** *hacerlo.*
Por muy astuto que ***era****, no* ***lograba*** *hacerlo.*
Por muy astuto que ***fuera****, no* ***lograría*** *hacerlo.*
Por calmo que ***es*** *no lo* ***puede*** *aguantar.*
Por calmo que ***sea*** *no lo* ***podrá*** *aguantar.*
Por mucha paciencia que ***tengan****, no esperarán tanto.*
Por mucha paciencia que ***tuvieron****, no* ***esperaron*** *tanto.*
Por mucha paciencia que ***tuvieran****, no* ***esperarían*** *tanto.*

On procède de la même façon avec *por poco que* ; dans ce cas *poco* sera employé devant le verbe, le nom, l'adjectif, et ne s'accordera qu'avec le nom (voir chapitre V).

Por poco que ***estudies****,* ***aprobarás*** *el examen.*
Por poco trabajo que ***haces****, siempre* ***apruebas*** *los exámenes.*
Por poco listo que ***fuera****,* ***aprobaría*** *el examen.*

Piège !

*Por poc****o*** *cariños****a*** *que es, mima a sus hijitos.*
*Por poc****o*** *aventurer****o*** *que sea, tomará este riesgo.*
*Por poc****a*** *pacienci****a*** *que tenga, aguantará a sus propios hijos.*

9. Après « cuanto más »

Si l'action évoquée est réalisée, il faut employer l'indicatif, mais si elle n'est pas réalisée, le subjonctif est obligatoire, selon la concordance habituelle.

*Cuanto más **me divierto**, más contenta **estoy**.*
*Cuanto más **avance** la hora, más inquieta me **pondré**.*
*Cuanto más **estudiaba**, más cosas nuevas **descubría**.*
*Cuanto más me lo **dijeras**, menos lo **haría**.*

10. Après les tournures impersonnelles

Es + adjectif + *que* + verbe », *es* + nom + *que* + verbe » ou *parece* + adjectif + verbe, *parece* + nom + verbe »

On emploie toujours le subjonctif ; si les verbes *ser* ou *parecer* sont conjugués au présent, au futur, au passé composé, la concordance de temps se fait avec la subjonctif présent, si les verbes *ser* ou *parecer* sont conjugués à l'imparfait, au passé simple, au conditionnel, la concordance de temps se fait avec le subjonctif imparfait.

*¡ **Es increíble** que no **sepas** eso !*
*¡ **Parece increíble** que no **sepas** eso !*
__Era importante que__ le __encontraran__ sus amigos.
__Parecía imprescindible que__ lo __supieras__ antes de entablar negociaciones.
*¡ **Es una locura que hagan** este viaje !*
__Parece una tontería que__ no __renuncien__ a viajar en tales condiciones.
__Pareció esencial que__ la chica __comunicara__ con su familia.

Notez les exemples que vous rencontrez :

Piège !

Attention ! si l'adjectif ou le nom expriment une certitude, une évidence, il faut alors employer l'indicatif.

Es obvio que resulta *muy difícil.*
Es verdad que tienes *razón.*
Es evidente que *no es posible*

Notez vos propres exemples :

11. Après « si »

On emploie l'indicatif dans tous les cas sauf si la proposition principale est au conditionnel. Dans ce cas **uniquement**, il faut employer le subjonctif imparfait.

*Si **tenemos** tiempo, **asistiremos** a la conferencia.*
*Si **seguía** durmiendo, **era** porque **estaba** cansadísimo.*
*Si **fueras** un amigo, no me **dirías** cosas tan feas.*
*Si **hubiera sabido**, no **hubiera venido**.*

Notez les exemples que vous rencontrez :

Piège !

Pour exprimer la condition il est possible d'employer : *con* + infinitif, *de* + infinitif, *a no* + infinitif. Mais attention : chacun correspond à un temps précis du verbe !

***Si conseguimos** entradas, veremos una ópera.*
***Con conseguir** entradas, veremos una ópera.*
***Si consiguiéramos** entradas, veríamos una ópera.*
***De conseguir** entradas, veríamos una ópera.*
***Si no consiguiéramos** entradas, no veríamos ninguna ópera.*
***A no conseguir** entradas, no veríamos ninguna ópera.*

Notez les exemples que vous rencontrez :

12. Après « como si »

Quel que soit le temps du verbe, on emploie systématiquement le subjonctif imparfait.

Lo dices ***como si fuera*** *una evidencia.*
Me lo regalaba ***como si tuviera*** *un valor enorme.*

Il est également possible d'employer « *cual si* », toujours suivi du subjonctif imparfait lui aussi.

Come ***cual si no lo hubiera hecho*** *durante meses y meses.*
Los niños gritan ***cual si*** *sus padres les* ***pegaran*** *muy fuerte.*
Lo susurras ***cual si fuera*** *un secreto.*

Tous ces emplois du subjonctif sont très fréquents en espagnol, comme en témoignent les pages suivantes.

Quelques belles pages

Te propongo que *durante un mes* ***nos juntemos*** *y* ***estudiemos****. Te enseñaré a estudiar* ***para que no sea*** *tan aburrido.* ***Los días que yo no venga****, tú harás* ***lo que te deje*** *indicado. Veremos cómo nos va. Más adelante, podremos tener sólo una clase por semana* ***hasta que suban*** *tus notas (...) Volvimos a encontrarnos,* ***como si*** *a cada rato* ***lo encontrara****,* ***como si*** *la confabulación* ***estuviese*** *tejida para encontrarlo.*
(Marcela Serrano, *Para que no me olvides*)

(...) *Y cuando* ***te pido que compartas*** *algo,* ***que escribas*** *nuestra vida* ***para que quede*** *al menos ahí en un libro, una huella de nuestro paso por el mundo, entonces tú te niegas.*
Estoy segura de que al final acabarás escribiéndolo, así que voy a hacerte algunas recomendaciones : primero, ***no esperes*** *a ser muy vieja, porque chochearás y se te olvidarán las cosas : segundo, cuenta la verdad, incluso lo que hicimos mal, y cuenta algún detalle* ***aunque no sea*** *de buen gusto ; los detalles ayudan a entender : y tercero si quieres preguntarme* ***algo que no sepas****, hazlo ahora.* (Marina Mayoral, *Recóndita armonía*)

Ella le abrió la puerta y al entrar ***le dijo que se tumbara*** *en el asiento de atrás, y* ***se cubriera*** *el cuerpo con una manta que había allí. Partieron hacia la plaza de Circea* ***como si lo llevara*** *secuestrado...*
– ***Si*** *mi padre* ***supiera*** *que estás vivo,* ***te mataría****, imagino que te das cuenta.*
(Manuel Vicent, *Son de mar*)

Y ***la posibilidad de que*** *este abatimiento* ***sea*** *el síntoma de alguna enfermedad me tiene francamente preocupado. No porque* ***pueda*** *tener algo fatal. En el peor de los casos, me moriré unos años antes de lo que me tocaría, y eso no es tan grave. Cuando nací, nadie* ***me aseguró que fuera*** *a llegar a viejo. Ni siquiera* ***que fuera*** *a llegar a la edad que tengo.* (Eduardo Mendoza, *Una comedia ligera*)

Yo no ***exijo que*** *los alumnos* ***vengan*** *a mis clases. Pero les* ***pido que lleguen*** *antes que yo ...*
– ***Que conste*** *que no lo teníamos ensayado.* (Manuel Vázquez Montalbán, *Quinteto de Buenos Aires* - CCIP 1999)

Que se arreglen los que cobran por estos menesteres : los guardias, la policía, la justicia. ¡ ***Ojalá*** entre las fotografías que le ***enseñen no esté*** la del atracador !... No merecerían nada ; no ***merecerían que se les defendiera***. (Luis Romero, *Los otros*)

Llevamos impreso en el cerebro el relato mítico de la familia de nuestra infancia, y ***por muchos años que cumplamos*** *seguimos siendo fieles a esa leyenda.* (Rosa Montero, *El País*)

– ¿ No ***le maravilla que*** *nuestra inteligencia* ***pueda*** *tocar a la vez lo exacto y lo eterno ? Pero* ***cualquier cosa que digan*** *me eriza la piel. Lo que me da la lata* ***es que se metan*** *conmigo,* ***que se atraviesen*** *por mi mente... ¿ Qué* ***les importa que se me caiga*** *la cabeza ?... A ellos parece* ***importarles que a mí no me importe*** *y es entonces cuando me da la rabia.* (Arturo Fontaine, *Cuando éramos inmortales* - CCIP 2000)

Chapitre XVII

La proposition relative

1. Introduite par « que »

L'antécédent est une personne ou une chose. Deux cas de figures.

L'antécédent est sujet

El coche ***que*** *está aparcado delante de la puerta es de mi marido* = La voiture **qui** est garée devant la porte est à mon mari.

El profesor ***que*** *hace la conferencia es un amigo de mi padre* = Le professeur **qui** fait la conférence est un ami de mon père.

L'antécédent est complément

L'antécédent ne peut être qu'une chose, car les compléments de personne sont précédés d'une préposition.

El color ***que*** *prefiero es el azul* = La couleur **que** je préfère est le bleu.

2. Introduite par « quien » et « quienes »

L'antécédent est une personne, il est complément.

La chica ***a quien*** *ves es mi amiga* = La fille que tu vois est mon amie.

El joven ***con quien*** *hablo es peruano* = Le jeune homme avec qui je parle est péruvien.

Los niños ***en quienes*** *pienso no van a la escuela el sábado* = Les enfants à qui je pense ne vont pas à l'école le samedi.

Piège !
On emploie *quien* et *quienes* comme sujets pour caractériser une personne ou un groupe (phrase en apposition) *Los chicos,* ***quienes*** *habían nadado durante horas, estaban cansados* = Les enfants, qui avaient nagé pendant des heures, étaient fatigués. *Los chicos* ***que*** *habían nadado durante horas eran tres* = Les enfants qui avaient nagé pendant des heures étaient trois.

3. Introduite par « el que », « la que », « los que », « las que »

Accordés avec l'antécédent qui peut être une chose ou une personne (dans ce cas ils sont équivalents à *quien, quienes*), ils sont précédés d'une préposition.

Los amigos ***con los que me*** *llevo bien no son muchos* = Les amis avec qui je m'entends bien ne sont pas nombreux.

Las cosas ***en las que*** *pienso son importantes* = Les choses auxquelles je pense sont importantes.

El tema ***al que*** *te refieres no nos interesa* = Le sujet auquel tu fais référence ne nous intéresse pas.

Piège !
El que, la que, los que, las que lorsqu'ils sont sujets signifient : « celui qui/que », « celle qui/que », « ceux qui/que », « celles qui/que ». *Entre las diversas lenguas,* ***la que*** *más me gusta es el español* = Parmi les différentes langues, celle que je préfère, c'est l'espagnol. *De todos mis primos,* ***el que*** *mejor toca el piano es Benito* = De tous mes cousins, celui qui joue le mieux du piano, c'est Benoît.

4. Introduite par « el cual », « la cual », « los cuales », « las cuales »

Ils s'utilisent de la même façon que les précédents lorsqu'ils sont précédés d'une préposition et reprennent un complément, mais peuvent aussi être sujets.

Las islas desiertas ***con las cuales*** *soñé esta noche serían maravillosos lugares de descanso* = Les îles désertes auxquelles j'ai rêvé cette nuit seraient de merveilleux lieux de repos.

Tengo una biblioteca llena de libros ***de los cuales*** *sólo he leído algunos* = J'ai une bibliothèque pleine de livres dont je n'ai lu que quelques-uns.

La semana que viene, tendremos un examen ***para el cual*** *tenemos mucho que estudiar* = La semaine prochaine, nous avons un examen pour lequel nous avons beaucoup à étudier.

Piège !
Lo que et *lo cual* ne reprennent jamais un nom puisqu'ils sont neutres et qu'en espagnol le « genre neutre » n'existe pas. ***Lo que*** *me encanta es tocar el piano* = **Ce qui** m'enchante, c'est de jouer du piano. *Toco varios instrumentos pero* ***el que*** *me encanta es el piano* = Je joue de plusieurs instruments, mais **celui qui** m'enchante c'est le piano. *Tienes una prueba de economía mañana,* ***lo cual*** *te asusta un poco* = Tu as un devoir d'économie demain, **ce qui** t'effraie un peu. *Tienes* ***una prueba*** *de economía mañana,* ***la cual*** *te da mucho trabajo* = Tu as un devoir d'économie demain, qui te donne beaucoup de travail.

5. Introduite par « del que », « de la que », « de los que », « de las que »...

Del que, de la que, de los que, de las que, del cual, de la cual, de los cuales, de las cuales, de quien, de quienes servent à traduire « dont » lorsqu'il s'agit de relier un nom à une proposition.

Podemos ver una ***de las películas de las que te hablé*** *anteayer* = Nous pouvons voir l'un des films dont je t'ai parlé avant-hier.

Saldremos a visitar ***el museo del que discutimos*** *en la universidad* = Nous irons voir le musée dont nous avons discuté à l'université.

Cataluña es ***una región de España de la que tengo*** *muy buenos recuerdos* = La Catalogne est une région d'Espagne dont j'ai de très bons souvenirs.

Attention, de *quien* et de *quienes* ne s'emploient que pour des personnes. Il est également possible d'employer *del que, de la que, de los que, de las que* pour des personnes.

Los primos de quienes *mejor* ***me acuerdo*** *son los de Andalucía* .
Los primos de los que *mejor* ***me acuerdo*** *son los de Andalucía.*
= Les cousins dont je me souviens le mieux sont ceux d'Andalousie.

El profesor de quien te hablo *da una clase muy interesante.*
El profesor del que te hablo *da una clase muy interesante.*
= Le professeur dont je te parle fait un cours très intéressant.

Piège !

Tengo tres hermanos, ***dos de los cuales*** *estudian en la Facultad de Derecho* = J'ai trois frères **dont deux** étudient à la Faculté de Droit.

Leemos varias novelas, ***algunas de las cuales*** *presentan muchas dificultades* = Nous lisons plusieurs romans **dont** quelques-uns présentent beaucoup de difficultés.

Conozco varios países extranjeros, ***entre los cuales*** *España* = Je connais plusieurs pays étrangers **dont** l'Espagne.

6. Introduite par « cuyo », « cuya », cuyos », « cuyas »

Cuyo, cuya, cuyos, cuyas ne peuvent relier que deux noms, le second étant complément de nom du premier.

El ***libro cuyo título*** *es divertido no se vende en la librería de mi pueblo* = Le livre dont le titre est amusant n'est pas en vente dans la librairie de mon village.

El ***concierto cuya duración*** *es muy larga empezará temprano en la tarde* = Le concert dont la durée est très longue commencera tôt dans l'après-midi.

La ***chica cuyos ojos*** *son azules es muy guapa* = La fille dont les yeux sont bleus est très belle.

Los ***espectáculos cuyas íntrigas*** *son complicadas no me gustan* = Je n'aime pas les spectacles dont les intrigues sont compliquées.

Nos atraen los ***lugares cuyas características*** *parecen misteriosas* = Les lieux dont les caractéristiques semblent mystérieuses nous attirent.

Piège !

• Si le second nom est complément du verbe et non sujet, la construction de la phrase française est différente de la construction de la phrase espagnole.

La **novela cuyo primer capítulo** he leído me parece muy interesante = Le roman dont j'ai lu le premier chapitre me semble très intéressant.

Los **países cuyas capitales** ya has visitado nos interesan mucho = Les pays dont tu as déjà visité les capitales nous intéressent beaucoup.

• Si le verbe se contruit en espagnol avec une préposition, elle est bien súr indispensable à la construction de la phrase. Attention tout spécialement au « a » obligatoire devant les compléments d'objet direct si ce sont des personnes.

*Los **problemas en cuyas consecuencias** reflexionamos constituyen un debate de actualidad* = Les problèmes aux conséquences desquels nous réfléchissons constituent un débat d'actualité.

*La **enfermedad de cuya epidemia** se protegen con una vacuna es muy grave* = La maladie de l'épidémie de laquelle ils se protègent par un vaccin est très grave.

*El **amigo a cuyos padres** veo cada día vive en el mismo piso que yo* = L'ami dont je vois les parents chaque jour vit dans le même appartement que moi.

Attention à la construction de certains verbes pièges :

*¿ Cuál es esta **novela cuyo título no recuerdo** ?*

*¿ Cuál es esta **novela de cuyo título no me acuerdo** ?*

Quelques belles pages

Pero ***de lo que sí me acuerdo*** *es de que agarró el muñeco, se lo quitó de las manos y lo tiró al suelo.* (Carmen Martín Gaite, *Los parentescos*)

Y tendrá la apreciación justa de todas las cosas - dijo don Francisco, repitiendo esta frase del doctor, ***la cual*** *había hecho no poca impresión en su espíritu.* (Benito Pérez Galdós, *Marianela*)

Descansará frente al ***océano cuyas olas*** *y vientos hicieron palpitar su poesía, como las velas de un viejo navío.* (Pablo Neruda, *Para nacer he nacido*)

De lo que se habla *hoy es del funcionamiento, bueno o malo, de los aparatos que llenan el hogar y de sus marcas.* (Antonio Gala, *El país semanal* - Agosto de 1990)

Será el propio alumno quien decida el momento y la duración del estudio, en lugar de someterse a un horario estereotipado y a ***una disciplina*** *uniformadora semicarcelaria* ***contra cuyos males*** *ya nos previno Foucault.* (Fernando Savater, *El País* - Abril de 2000 - IENA 2001)

En ***un lugar*** *de la Mancha* ***de cuyo nombre*** *no quiero acordarme, vivía ...* (Cervantes, *Don Quijote de la Mancha*)

Chapitre XVIII

Les différents aspects du verbe

1. L'obligation

L'obligation impersonnelle

Si la phrase ne comporte pas de sujet exprimé, l'obligation est dite « impersonnelle » et se traduit alors de différentes manières.

- ***Hay que* + l'infinitif**

Hay que *comer para vivir* = Il faut manger pour vivre.

Hay que tocar *a la puerta antes de entrar* = Il faut frapper à la porte avant d'entrer.

Rappel : *hay* aux autres temps que le présent de l'indicatif = *haber* à la 3e personne du singulier (*había, hubo, habrá, habría, haya*...).

- ***Es preciso, es necesario, es menester* + infinitif**

Es preciso estudiar *la lección antes de hacer el ejercicio* = Il faut étudier la leçon avant de faire l'exercice.

Es necesario conocer *dos idiomas para trabajar en esta empresa* = Il faut connaître deux langues pour travailler dans cette entreprise.

Es menester *devolverle todos los documentos* = Il faut lui rendre tous les documents.

- ***Hace falta* + infinitif**

Hace falta *reflexionar antes de hablar* = Il faut réfléchir avant de parler.

Piège !
Hace falta + un nom signifie : *necesitar* (« avoir besoin de ») et s'accorde alors avec le nom. ***Hace falta*** *chocolate para hacer este pastel.* ***Se necesita*** *chocolate para hacer este pastel.* ***Hacen falta*** *años de estudios para conseguir el diploma.* ***Se necesitan*** *años de estudios para conseguir el diploma.*

• ***Tener que, haber de*** peuvent traduire une obligation impersonnelle lorsqu'ils sont employés de façon impersonnelle.

*No **se tiene que fumar** en los lugares públicos.*

*En Francia, no **tienen que fumar** en los lugares públicos.*

L'obligation personnelle

Si le sujet est exprimé, l'obligation est dite « personnelle » et se traduit par :

• ***Tener que*** **+ l'infinitif**

Le verbe *tener* est conjugué au temps et à la personne voulus.

Tenemos que encontrar *un piso en Barcelona antes del verano*

• Nous devons trouver un appartement à Barcelone avant l'été.

• Il faut que nous trouvions un appartement à Barcelone avant l'été.

Tuviste que salir *rápido por las amenazas de contaminación.*

= Tu as dû partir rapidement à cause des menaces de pollution •

= Il a fallu que tu partes rapidement à cause des menaces de pollution.

• ***Haber de* + l'infinitif**

L'auxiliaire *haber* est conjugué au temps et à la personne voulue.

***He de pensarlo** antes de darte una respuesta.*

= Je dois y réfléchir avant de te donner une réponse.

= Il faut que j'y réfléchisse avant de te donner une réponse.

***Habrás de pasar** por su casa antes de salir de viaje.*

= Tu devras passer chez lui avant de partir en voyage.

= Il faudra que tu passes chez lui avant de partir en voyage.

• ***Deber* + l'infinitif**

S'il s'agit d'un devoir moral (*deber* a un sens très fort, plus que d'une obligation, il s'agit d'un vrai devoir).

*Los chicos **deben respetar** a sus padres.*

= Les enfants doivent respecter leurs parents.

= Il faut que les enfants respectent leurs parents.

***Debes devolver** el dinero robado.*

= Tu dois rendre l'argent volé.

= Il faut que tu rendes l'argent volé.

No le debes matar a tu hermano = Tu ne dois pas tuer ton frère.

Piège !
Deber de n'indique jamais l'obligation ! Cette expression indique la probabilité. Elle est équivalente au futur d'hypothèse. ***Debe de hacer** buen tiempo actualmente en Madrid.* = Il fait sans doute beau à Madrid actuellement. = Il doit (probablement) faire beau à Madrid actuellement.

• ***Es necesario que, es menester que, es preciso que* + le subjonctif**

Ces tournures sont impersonnelles, c'est le verbe qui suit que l'on conjugue à la personne et au temps voulus.

***Es preciso que vayas** a darle los datos indispensables para trabajar.*
= Il faut que tu lui donnes les renseignements nécessaires pour travailler.
= Tu dois lui donner les renseignements nécessaires pour travailler.
***Es necesario que me contestéis** lo antes posible.*
= Il faut que vous me répondiez le plus tôt possible.
= Vous devez me répondre le plus tôt possible.

Piège !
Dans ce cas, la concordance de temps est obligatoire : si le verbe *ser* est au présent, au futur, au passé composé, le verbe qui suit *que* sera au subjonctif présent ; si le verbe *ser* est à l'imparfait, au passé simple, au conditionnel, le verbe qui suit *que* sera au subjonctif imparfait. ***Es** necesario que **descuelgues** el teléfono.* ***Era** necesario que **descolgaras** el teléfono.*

- ***Hace falta que*** **+ le subjonctif**

Cette tournure est impersonnelle, c'est le verbe qui suit que l'on conjugue à la personne et au temps voulus. La concordance de temps, identique à celle évoquée avec les tournures *es necesario que...*, est également obligatoire.

***Hace falta que tengamos** mucho cuidado antes de actuar*
= Il faut que nous fassions très attention avant d'agir.
= Nous devons faire très attention avant d'agir.
***Hacía falta que te dieras** cuenta de la realidad*
= Il fallait que tu te rendes compte de la réalité.
= Tu devais te rendre compte de la réalité.

Piège !

La forme négative s'applique toujours au verbe qui est au subjonctif pour exprimer la défense.

Es preciso que no *le hables todavía del proyecto.*
= Il ne faut pas encore que tu lui parles du projet.
= Tu ne dois pas encore lui parler du projet.

Hacía falta que no *le dijéramos la verdad.*
= Il ne fallait pas que nous lui disions la vérité.
= Nous ne devions pas lui dire la vérité.

Piège !

Hacer falta employé avec un pronom traduit l'idée « d'avoir besoin » tout comme dans l'obligation impersonnelle, et équivaut à *necesitar* Le verbe se met au singulier ou au pluriel suivant le genre du complément qui se trouve être en fait le sujet réel.

Me hace falta *mucha paciencia para escucharla sin reaccionar violentamente.*
Necesito *mucha paciencia para escucharla sin reaccionar violentamente.*
= Il me faut beaucoup de patience pour l'écouter sans réagir violemment.
= J'ai besoin de beaucoup de patience pour l'écouter sans réagir violemment.

Nos hacen falta *varios días de descanso.*
Necesitamos *varios días de descanso.*
= Nous avons besoin de plusieurs jours de repos.
= Il nous faut plusieurs jours de repos.

Quelques belles pages

Se me ocurre que tu enfermedad es una prueba, como las que ***tuvo que soportar*** *aquel infeliz.* (Isabel Allende, *Paula*)

Aunque él se mofaba de las obligaciones de la cátedra, nosotras ***debíamos tener*** *los mejores expedientes académicos y la dedicación más completa a la Universidad, ya que sólo los genios estaban exentos de tales exigencias.* (Marina Mayoral, *Recóndita armonía*)

Está bien, dijo, pero ***tenemos que sellarlo*** *con sangre.* (Mario Benedetti, *La sirena viuda*)

Y ahora, Platero, ***hay que hacer*** *algo, que no vas a estar de holgazán.* (Juan Ramón Jiménez, *Platero y yo*)

Por eso fue perseguido, ***tuvo que*** *refugiarse en Argentina, de la manera en que uno podía refugiarse* hace cincuenta años. (Miguel Ángel Estrella, *Música para la esperanza*)

No digo que no ***haya que*** *reducir gastos, pero sigo pensando que siempre saldrá más barato cambiar de ordenamiento económico que de civilización democrática.* (Fernando Savater, *El País*, junio de 1998)

Hay que ser *duro con los duros.* (Luis Romero, *Los Otros*)

2. La réitération

« Volver a » + l'infinitif

Si en français nous utilisons le préfixe « re » pour indiquer la répétition d'une action, en espagnol, c'est impossible. Plusieurs expressions permettent cependant de traduire la réitération.

C'est bien évidemment le verbe *volver* qui se conjugue à la personne et au temps voulus (voir conjugaison des verbes à diphtongue).

*Te **volveré a escribir** dentro de dos semanas* = Je t'écrirai à nouveau dans deux semaines.

***Volvamos a leer** el documento antes de imprimirlo* = Relisons le document avant de l'imprimer.

***Volvió a abrir** el almacen hoy* = Il a réouvert le magasin aujourd'hui.

Piège !
• *Volver* a également le sens de « revenir », « retourner », rentrer ». ***Volvimos a casa** a las doce de la noche* = Nous sommes rentrés à la maison à minuit. ***Volverás a Cataluña** en Agosto* = Tu retourneras en Catalogne en août. *Me voy, pero **vuelvo** para cenar* = Je pars, mais je reviens pour le dîner. • *Volver* peut aussi avoir le sens de « tourner » ***Volviste la cabeza** y no nos hablaste más* = Tu as tourné la tête et tu ne nous as plus parlé. • *Volver* peut encore avoir le sens de « rendre » Esta música me **vuelve loca** = Cette musique me rend folle.

Le verbe conjugué + « de nuevo », « otra vez »

Lo ***haremos de nuevo*** *mañana* = Nous le referons demain.

Te lo ***pregunto otra vez*** *porque no lo entendí muy bien* = Je te le redemande parce que je n'ai pas très bien compris.

Al chico que había conocido en una fiesta, lo ***vi otra vez*** *en el restaurante ayer* = Le garçon que j'avais connu lors d'une fête, je l'ai revu au restaurant hier.

Il est possible d'employer à la fois *volver a* et *de nuevo* ou *otra vez*, pour insister sur la réitération.

Vuelvo a leer *este libro* ***de nuevo*** *porque me encanta* = Je relis à nouveau ce livre car il m'enchante.

Te ***vuelvo a decir otra vez*** *que no fumes en el salón* = Je te redis à nouveau de ne pas fumer au salon.

Piège !

Certains verbes, peu nombreux, expriment la répétition par le préfixe « re ».

reanudar : renouer
reaparecer : réapparaître
recaer : retomber, rechuter
recalentar (ie) : réchauffer
recomenzar (ie) : recommencer
reconstruir : reconstruire
reconquistar : reconquérir
regenerar : régénérer
rehacer : refaire
reinstalar : réinstaller
reintegrar : réintégrer
rejuvenecer : rajeunir
rellenar : remplir
renacer : renaître
reorganizar : réorganiser

Continuez votre liste :

D'autres verbes commencent par « re » mais n'indiquent pas la répétition.

rebajar : abaisser
rebelarse : se révolter
rebuznar : braire
recordar : se rappeler
recrear : distraire
rechinar : grincer
referir : rapporter, raconter
refunfuñar : bougonner
regalar : offrir
regatear : marchander

registrar : enregistrer
reivindicar : revendiquer
renunciar : renoncer
repartir : partager

Continuez votre liste :

Piège !

*Me llamó pero no estaba en casa, **vuelvo a llamarle** ahora mismo* = Il m'a appelée mais je n'étais pas chez moi, je le **rappelle** tout de suite.
*Este color rojo **recuerda** la sangre del toro* = Cette couleur rouge **rappelle** le sang du taureau.
Volver a llamar : rappeler, appeler à nouveau
recordar : rappeler, remettre en mémoire

Quelques belles pages

*La pena mayor es pensar que **no volveré a verte**, y ésa prefiero pasarla ahora que tengo fuerzas y la cabeza en su sitio **... No volvimos a vernos**, pero aún hablamos muchas veces por teléfono.* (Marina Mayoral, *Recóndita Armonía*)

***Volvimos a encontrarnos**, como si a cada rato lo encontrara, como si la confabulación estuviese tejida para encontrarlo.* (Marcela Serrano, *Para que no me olvides*)

*Sigan ustedes sabiendo que mucho más temprano que tarde, **de nuevo abrirán** las grandes alamedas por donde pase el hombre libre para construir una sociedad mejor.* (Salvador Allende)

*Me pregunto si **volveré a reírme** con ganas, **a abrazar** una causa, **a comer** con gusto o **a escribir** novelas. Por supuesto que sí ...* (Isabel Allende, *Paula*)

*El eco de la isla **volvió a estremecerse**, prolongándose esta vez con una voz rodada de derrumbe... ¿ **Dispararían de nuevo** ? Una nube que más parecía de polvo que de humo, remontaba del castillo.* (Rafael Alberti, *La arboleda perdida*)

3. L'habitude

« *Soler* » + *l'infinitif*

Plusieurs façons permettent de traduire l'habitude en espagnol.

Le verbe *soler* signifie « avoir l'habitude de » ; il est conjugué à la personne et au temps voulus (le plus souvent au présent ou à l'imparfait) et suivi directement de l'infinitif.

*De niños, **solíamos ir** de vacaciones a casa de nuestros abuelos* = Enfants, nous avions l'habitude d'aller en vacances chez nos grands-parents.

*En mi familia **solemos festejar** el Año Nuevo en la montaña.*

= Dans ma famille, nous avons l'habitude de fêter le Nouvel An à la montagne.

= Dans ma famille, nous fêtons généralement le Nouvel An à la montagne.

Piège !
Soler n'est jamais suivi d'une préposition. ***Suelo leer** antes de dormirme* = **J'ai l'habitude de lire** avant de m'endormir. *¿ **Sueles ir** al mercado el domingo ?* = **As-tu l'habitude d'aller** au marché le dimanche ?

« *Tener la costumbre de* » + *l'infinitif*

***Tengo la costumbre** de viajar varias veces al año* = **J'ai l'habitude de** voyager plusieurs fois par an.

Il est également possible d'employer *acostumbrar(se)*, qui signifie plus spécialement « prendre l'habitude de ».

Ahora que vivo en Madrid, ***me acostumbro*** *al calor* = Maintenant que je vis à Madrid, je **m'habitue** à la chaleur.

Ahora que trabajo muy temprano en la mañana, ***me he acostumbrado*** *a dormir la siesta* = Maintenant que je travaille très tôt le matin, **j'ai pris l'habitude de** faire la sieste.

Piège !
Acostumbrarse et *estar acostumbrado* sont suivis de la préposition « a ». ***Te has acostumbrado*** *a tomar café para el desayuno* = **Tu as pris l'habitude de** boire du café au petit déjeuner. ***Estamos acostumbrados a*** *los ruidos propios de la ciudad* = **Nous sommes habitués aux** bruits propres à la ville.

A noter :

Il est bien sûr possible de traduire l'habitude par un adverbe tel que : *generalmente, frecuentemente*, ou une locution : *por lo general, en general...*

4. La phrase emphatique

Elle se construit toujours avec le verbe « ser »

C'est une tournure impersonnelle, donc il faut employer le verbe *ser* (voir *ser* et *estar* : chapitre XII).

Un seul temps

Le verbe ser doit être conjugué au même temps que le verbe de la subordonnée. Il est cependant possible de laisser le verbe *ser* au présent de l'indicatif si le verbe de la subordonnée est au passé composé, voire parfois au futur.

Le relatif

S'il s'agit d'une chose, il se traduit par : *el que, la que, los que, las que.*

S'il s'agit d'une personne, il se traduit par : *quien, quienes*. Il est toutefois possible de conserver la forme *el que, la que, los que, las que* pour les personnes. Le verbe ser se conjugue à la même personne.

Soy *yo quien* ***quiero*** *hablarte* = **C'est** moi qui **veux** te parler.

Erais *vosotros quienes* ***teníais*** *razón* = **C'était** vous qui **aviez** raison.

Será *este libro el que* ***obtendrá*** *el Premio Nobel* = **C'est** ce livre qui **aura** le Prix Nobel.

Fueron *las noticias las que me* ***pusieron*** *nerviosa* = **Ce sont** les nouvelles qui **m'ont énervée**.

Piège !

Lo que signifie « ce que » et ne reprend qu'un neutre (l'antécédent n'est ni masculin, ni féminin).
*Es **estudiar** los idiomas **lo que** me gusta* = C'est **étudier** les langues **qui** me plaît.
Le relatif peut être précédé d'une préposition si le verbe l'impose
*Es **en** mi amigo argentino **en** quien pienso*
***En** mi amigo argentino es **en quien** pienso.*
= C'est **à** mon ami argentin **à qui** je pense.
*Es **a** los estudiantes **a quienes** me dirijo.*
***A** los estudiantes es **a quienes** me dirijo.*
= C'est **aux** étudiants **que** je m'adresse.
*Fue **por** las compras **por las que** me preocupé primero* = C'est **des** courses **que** je me suis préoccupé tout d'abord.
*Es **de** los pueblos indios **de los que** me acuerdo* = C'est **des** villages indiens **que** je me souviens.

Notez les exemples que vous rencontrez :

Le complément circonstanciel

• Si c'est un complément de **temps**, il est repris par *cuando*.

*Fue **en 1492 cuando** Cristobal Colón descubrió América* = C'est **en 1492 que** Christophe Colomb a découvert l'Amérique.

• Si c'est un complément de **lieu**, il est repris par *donde*.

*Es **en España donde** me gusta pasar las vacaciones* = C'est **en Espagne que** j'aime passer mes vacances.

• Si c'est un complément de manière, il est repris par *como*.

***Nadando** es **como** se aprende a nadar, **hablando** es **como** se aprende a hablar* = C'est **en nageant qu'**on apprend à nager, c'est **en parlant qu'**on apprend à parler.

• Si c'est un complément de **cause**, il est repris par *porque* ou *por lo que*.

Por pereza *fue* ***por lo que*** *no lo hicimos* =
C'est **par paresse que** nous ne l'avons pas fait.

• Si c'est un complément de **but**, il est repris par *para lo que*.

Para aprobar *el examen es* ***para lo que*** *trabajo tanto* = C'est **pour réussir** l'examen **que** je travaille autant.

Piège !
Il faut mémoriser quelques expressions pour qu'elles deviennent des automatismes. • ***es así como*** : c'est ainsi que ***Es así como*** *suelo instalarme para mirar una película* = C'est ainsi que j'ai l'habitude de m'installer pour regarder un film. • ***por eso es por lo que*** : c'est pourquoi *No me escuchabas,* ***por eso era por lo que*** *gritaba más fuerte* = Tu ne m'écoutais pas, c'est pourquoi je criais plus fort. • ***es entonces cuando*** : c'est alors que ***Fue entonces cuando*** *apareció el asesino con un cuchillo en la mano* = C'est alors que l'assassin est aparu avec un couteau à la main. • ***es aquí (allí) donde*** : c'est (ici) là que ***Es aquí donde*** *se almacenan los productos* = C'est ici qu'on entrepose les produits. **Notez les exemples que vous rencontrez :**

Quelques belles pages

Entonces ***fui yo el que dije****, en otro estilo, en otro idioma, claro, como para mí mismo y para nadie más : « no puede ser ».* (Mario Benedetti, *La sirena viuda*)

Sí y no. Parece que ya no tengo raíces. Y el no tenerlas deja cada miembro a merced de la intemperie, que ***es donde yo vivo****.* (Marcela Serrano, *Para que no me olvides*)

Entre los cuatro y los siete*, que* ***es cuando*** *cambió nuestra vida porque nos mudamos a Madrid, los libros fueron como una ventana que se abre para que entre un aire menos contaminado.* (Carmen Martín Gaite, *Los parentescos*)

Una vez que Helena se había decidido, yo me sentía obligada a hacerlo también, de motivo que ***fue su entusiasmo****, unido a la incomodidad que me producía mi estado de becaria perpetua,* ***lo que me llevó*** *a seguirla por aquel camino que no me atraía especialmente. En cuanto a Helena, creo que* ***fue la personalidad*** *de Arozamena* ***lo que*** *la arrastró.* (Marina Mayoral, *Recóndita Armonía*)

Y ***así fue como*** *nunca llegué a vivir en Nueva York. Y* ***así fue*** *también* ***como*** *murió la mitad de mí misma.* (Marcela Serrano, *Para que no me olvides*)

Parece que ***es la palabra la que*** *taladra, girando, la tierra oscura, hasta llegar al agua fría.* (Juan ramón Jiménez, *Platero y yo*)

¿ Cómo contarle a Sofía que ***es*** *exactamente* ***a eso a lo que*** *no accedo ? ¿ Cómo contarle que si la mística fue eso para mi abuela, a mí me está vedada ?* (Marcela Serrano, *Para que no me olvides*)

¿ ***Era en esta agua donde se reflejaban*** *aquellos pinos agrios, llenando luego mi sueño con su imagen de belleza ? ¿* ***Era éste el balcón*** *desde donde yo vi una vez el paisaje más claro de mi vida, en una arrobadora música de sol ?* (Juan ramón Jiménez, *Platero y yo*)

5. La supposition

« Suponer que »

Aucune concordance de temps spécifique ne s'impose après ce verbe.

Supongo que vendrás *temprano en la mañana* = Je suppose que tu viendras tôt le matin.

Suponían que se lo diríamos *cuanto antes* = Ils supposaient que nous le leur dirions le plus tôt possible.

Suponemos que os gustan *estos bailes* = Nous supposons que vous aimez ces danses.

Mais le subjonctif est nécessaire pour évoquer l'action éventuelle. La concordance se fait avec le subjonctif présent si le verbe *suponer* est au présent, au passé composé, au futur, et avec le subjonctif imparfait si le verbe *suponer* est à l'imparfait, au passé simple, au conditionnel.

Hacer este trabajo ***supone que tenga*** *mucho tiempo libre* = Faire ce travail suppose que j'aie beaucoup de temps libre.

La firma del contrato ***suponía que nos encontráramos*** = La signature du contrat supposait que nous nous rencontrions.

Le futur et le conditionnel

Ils servent également à exprimer la supposition, dans le présent (futur) et le passé (conditionnel).

Será posible *conocer el resultado del concurso ahora* = Il doit maintenant être possible de connaître le résultat du concours.

Habrá sido *feliz durante esta temporada en Ecuador* = Elle a dû être heureuse pendant ce séjour en Equateur.

***Habría llegado** con retraso el avión* = L'avion avait dû arriver en retard.

***Sería difícil** visitarle en la cárcel* = Cela devait être difficile de lui rendre visite en prison.

***Serían** las doce de la noche cuando volvimos a casa* = Il devait être minuit quand nous sommes rentrés à la maison.

« Deber de »

Conjugué au temps voulu et suivi de l'infinitif.

***Debe de** tener un montón de datos interesantes.*

= Il doit avoir un tas de renseignements intéressants.

= Il a probablement un tas de renseignements intéressants.

***Debían de** conocerse antes de su viaje a Andalucía.*

= Ils devaient se connaître avant leur voyage en Andalousie.

= Ils se connaissaient probablement avant leur voyage en Andalousie.

Piège !
Il ne faut pas employer le verbe *deber* seul, sans la préposition *de* car il signifie alors le devoir, l'obligation. Reconnaissons cependant qu'actuellement cela arrive souvent d'omettre la préposition, mais cela reste incorrect. ***Deben entregar** este informe antes de empezar investigaciones sobre otro tema.* = Ils doivent rendre ce dossier avant d'entreprendre des recherches sur un autre sujet. = Ils ont l'obligation de rendre ce dossier avant d'entreprendre des recherches sur un autre sujet. ***Deben de entregar** este informe pronto* = Ils doivent (probablement) rendre ce dossier bientôt.

Index

A

a 51, 52, 54, 56, 56, 59, 68, 212, 314
abajo 120
absolver 229
acá 120
acabar por ser 216
acaso 132, 308
accents 39
acertar 229, 273
aconsejar que 299
acordar 229
acostumbra(se) 344
acrecentar 229
acudir 224
adelante 120
advertir 234, 282
a fin de que 298
ahí 120, 207
ahogarse 263
alentar 229
almorzar 229
a lo mejor 309
allá 205, 207
allí 120, 205, 207
ambos 153
andar 187, 245, 277
anoche 122
a no ser que 298
antaño 123
apaciguar 243, 265
apagar 262
aparcar 262
apostar 229
aprender 248

apretar 229
aprobar 229
aquel 95
aquél 96, 205
aquella-s 95
aquélla-s 96, 205
aquello 95, 208
aquellos 95
aquéllos 96
aquí 120, 205, 207
arrendar 229
arriba 120
asentar 229
así 125, 347
asir 235, 269
asolar 229
atañer 244, 273, 289
atender 229
atrás 120
atribuir 226, 264
augmentatifs 198, 199
aun 124
aún 123
aunque 307
avergonzar 229, 231, 267
averiguar 228, 244, 265

B

bastante 127
bien 125
bueno-a-s 82, 125
bullir 244, 273

C

caber 236, 245, 250, 254, 277
caer 235, 244, 270, 288

calentar 229
cantar 224, 238
cargar 243, 262
cegar 230
ceñir 232
cerrar 230, 242, 285, 288
chez 212
cocer 231
coger 225, 262
colgar 229
comenzar 230
comer 224
como 146, 346
como si 279, 315
comparaison 181
compter 153
con 60, 314
con objeto de que 298
concebir 232
concernir 234
concertar 230
concluir 226, 244, 264, 288
concordance des temps 295
conditionnel 252
conditionnel passé 255
conducir 224, 261, 278
confesar 230
confiar 228
conmigo 108
conmover 229
conocer 224, 261
con que 198
consigo 108
consolar 230
con tal que 298
contar 230
contigo 108
construir 226, 264
continuar 227, 265

convertir 234
convertirse en 60, 215
corregir 232, 268
correr 238
costar 230
costumbre 343
crecer 224, 261
criar 228, 265
cual 305, 315
cuál-es 146, 147
cuán 128, 142
cuando 146, 148, 303, 346
cuanto-a-os-as 128, 141, 142, 144, 146, 147, 165, 169, 171
cuyo-a-os-as 327

D

dar 236, 246, 270, 273
de 53, 55, 57, 61, 62, 68, 126, 158, 209, 314
debajo 120
deber 335
deber de 335, 350
decir 148, 232, 235, 245, 250, 254, 269, 278, 283, 290
defender 230
défense 285
degollar 230, 231
delante 120
delinquir 226, 264
del que-de la que-de los que-de las que 325
de manera que 298
demasiado 127
de modo que 298
demostrar 230
desafiar 228, 265
descontar 230
desear que 299

desollar 230
desosar 231
destacar 262
desterrar 230
detrás 120
devenir 214
devolver 229
diminutifs 193, 194, 195, 196, 197
dirigir 225, 263
discordar 230
disolver 253
distinguir 226, 263
divertir 234, 249, 289
doler 230
donde 120, 146, 305, 346
dont 325, 327

E

efectuar 227, 265
emphatique (tournure) 345
el 77
él 101, 108
el cual-la cual-los cuales-las cuales 324
el que- la que- los que- las que 97, 323, 345
elegir 232, 268
ella-s 101, 108
ellos 101, 108
empezar 243, 267
en 52, 54, 60, 68, 212
en 207
encender 230, 266, 282
encerrar 230
encomendar 230
encontrar 230
entender 229
enterrar 230
entregar 262

enviar 228, 265
envolver 230
erguir 233
esa-s 95
ésa-s 96, 205
ese 95
ése 96, 205
eso 97, 208
esos 96
ésos 96
esparcir 225, 261
esta-s 95
ésta-s 96, 205
estar 182, 183, 184, 185, 189, 235, 245, 269, 277
esto 96, 97, 208
estos 95
éstos 96, 205
evacuar 228
exigir 225, 262
extinguir 226, 262

F

fingir 225, 262
fregar 230, 249
freír 233, 268
futur 248
futur antérieur 256

G

generalizar 262
gérondif 288
gobernar 230
grande 82
gruñir 244, 273, 288

H

haber 235, 245, 250, 254, 269, 277, 335
haber de 335
habitude 343
hablar 285
hace 203, 333
hacer 235, 245, 250, 254, 269, 277, 283
hacerse 215
hasta que 298
hay 203, 333
herir 234, 253, 289
hervir 234
hoy 122
huir 226, 264

I

imparfait de l'indicatif 238
imparfait du subjonctif 272
impératif 281
invertir 234
investir 232
ir 187, 236, 239, 245, 270, 278, 283, 288, 292

L

la 77, 158
las 105, 158
le 105
los 105, 158
llamarse 234
llegar 187
llegar a ser 216
llevar 292
llover 230, 288

M

mal 125
malo 125
manifestar 230
mañana 122
mas 129
más 124, 128, 129, 138, 143, 163, 311
mayor 164
mecer 225, 261
medir 232, 249
mejor 164
menor 164
menos 129, 168
mentir 242, 286, 289
merendar 230
mi 87
mí 108
mientras 166
mientras que 303
mío-a-s 88
moler 230
morder 230, 249, 282
mostrar 230
mover 230, 242
mucho-a-s 127
mullir 288
muy 128

N

nada 136
nadie 136, 139
nevar 230
ni 135, 136
ninguno-a-s 131, 136, 139
no 131, 135
nombre 71, 159

nos 104
nosotros 101, 108
nuestro-a 87, 88
nunca 136, 139

O

obligation 333
oír 235
ojalá 302
oler 231
on 217
ordenar que 299
ordre 299
orthographe 27
os 104

P

para 66, 69, 140, 347
para que 298
para qué 146, 148
participe passé 256
passé antérieur 256
passé composé 256, 258
passé simple 241
pedir 231, 267, 282, 289
pensar 230, 253, 282, 301
peor 164
perder 230, 238
persuadir que 299
plegar 230
plus-que-parfait 256
poblar 230
poco 127, 310
poder 230, 245, 249, 254, 277, 290, 308
poner 235, 245, 249, 254, 269, 277, 282
ponerse 214

por 53, 55, 57, 63, 66, 69, 126, 347
por más que 310
por mucho que 310
por muy que 310
porqué 148
por qué 148
preferir 233
prépositions 49
présent de l'indicatif 224
présent du subjonctif 260
probar 230
proteger 225, 262

Q

que 321
qué 142, 143, 144, 146, 147, 148
quebrar 230
quedar 188
querer 245, 250
quien 144, 146, 148, 305, 322
quizá 132, 308
quizás 132, 308

R

reciente 83
reforzar 230
regar 230
regir 232, 253
reír 233, 268, 285
rendir 232
renovar 230
reñir 232
repetir 232
resolver 242
resonar 230
resultar 187

rezar 262
rogar que 299

S

saber 144, 148, 236, 245, 250, 254, 270, 277
sacar 243, 262
salir 235, 249, 254, 270, 283
satisfacer 235, 245, 270, 276
se 106, 107, 217
segar 230
seguir 187, 232, 239, 267, 273, 282, 285, 292
sembrar 230
sendos 154
sentar 230
sentir 239, 268, 275
ser 179, 180, 181, 183, 184, 185, 188, 235, 239, 245, 269, 278, 283, 345
si 42, 314
sí 109, 130
siempre 124, 298
sino 138, 139
siquiera 136
situar 227, 264
soler 230, 273, 343
soltar 230
sonar 230
sonreír 233, 268
soñar 230
su 87
subir 238
suyo-a 88

T

tal vez 132, 308
también 136
tampoco 136

tan 128, 143, 174
tanto-a-s 128, 165, 171, 173, 174
te 104
temblar 230
temer que 299
tender 230
tener 206, 235, 245, 249, 254, 270, 277, 282, 334
tener que 334
teñir 232
ti 108
todavía 123
torcer 230, 231
traer 235, 245, 270, 278
tras 259
trazar 262
tu 87
tú 101, 102
tuyo-a-s 88

U

uncir 225, 261
uno-a 153
Usted-es 101, 102, 108

V

valer 235, 250, 254, 270, 283
vaya 142
vencer 225, 261
venir 187, 206, 235, 245, 250, 254, 270, 276, 290
venir a ser 216
ver 144, 236, 239, 246, 270
vestir 232, 289
vivir 224, 272
voici 205
voilà 205
volar 230

volver 230, 285, 339
volverse 214
vosotros 101, 102, 108
vuestro-a 87, 88

Y

y 207
ya 123, 124, 138
yo 101

Z

zambullir 288

Notes

Notes

Notes

Notes

Notes

Notes

Notes

Notes

Notes

Notes

Notes

Notes

Notes

Notes

Notes

Notes

Vous souhaitez être informé des nouveautés des collections Studyrama

(parascolaire, orientation, métiers, emploi)

Inscrivez-vous sur www.studyrama.com/mailinglist et vous recevrez dès leur sortie des informations sur les nouveautés studyrama.

www.studyrama.com/mailinglist

studyrama.com

> L'internet des étudiants <

Principes

© **JEUNES** *Éditions* - **STUDYRAMA**
34/38, rue Camille-Pelletan
92309 Levallois-Perret cedex
Imprimerie Darantiere - 21 801 Quetigny cedex
Imprimé en France - 1er trimestre 2002
N° d'impression : 22-0366

Directrice de la collection : Annie Reithmann
Responsable d'édition : Elsa Goisnard
Conception graphique : Sophie Mautroté

Dépôt légal à parution
ISBN 2-84472-152-4